新闻学与传播学“十三五”规划教材·基础课程系列
13th Five Year Plan University Textbook
河南省委宣传部与郑州大学共建新闻与传播学院系列成果

新闻采访新编

NEWS INTERVIEW

王一岚 主 编
孙文杰 副主编

中国传媒大学出版社
·北 京·

目　录

第一章 绪 论

▶章节大纲

1.新闻采访的定义；

2.新闻采访的特点；

3.新闻采访的重要性；

4.新闻采访的基本方式。

▶章节内容

本章主要介绍新闻采访的定义、特点、重要性并概述新闻采访的基本方式。

第一节 新闻采访的定义

新闻采访是全部新闻工作的基础和前提，是牵动一切新闻工作的龙头，也是每个新闻工作者必须掌握的基本功，是新闻写作的先决条件。新闻采访学，又是新闻学的主要分支，任何对新闻学的研究，也无不从新闻采访学开始。从某种意义而言，新闻采访是整个新闻工作的灵魂。

中国乃至国际新闻界对新闻采访所下的定义较多，众说纷纭。例如，英国有人曾对50名资历颇深的记者做过“请给新闻采访下一定义”的专项调查，结果有60%的记者回答不了，余者答案不一。因此，何谓采访、何谓新闻采访，有必要追本溯源。

距今三千多年前的商周时期，“采诗”“采风”等活动可以看作新闻采访活动的雏形，史官为古代的新闻记录做出了重大贡献，据记载，当时要求新闻记录“秉笔直书”。

"采访"一词始见于东晋史学家干宝的《搜神记》[①]，比"新闻"一词早出现了三百多年。据《晋书·干宝传》载："宝撰《搜神记》，因作序曰：若使采访近世之事，苟有虚错，愿与先贤前儒，分其讥谤，及其著述，亦足以发明神道之不诬也。"[②]在古代，我国从事邸报、小报等工作之人，通常将采访称之为探访，且有内探、省探、衙探之称。史官等也常有此类活动，如汉代司马迁所著《史记》，其中相当一部分材料是据其亲自采访所得的。朝廷为了解下情、外情，也常派一些官员去采访。如唐代开元年间，曾专设"采访使"，代表朝廷"考课诸道官人"；宋代也有"遣司勋员外郎和岘往江南路采访"的记载。从事采访活动的，近代称"访员""访事"等。但从现有史料来看，这类采访并非真正现代意义上的新闻采访，早期的采访有收集情报和一般材料的特征。

作为新闻工作的专门术语，新闻采访一词是在近代新闻事业发展的基础上才得到肯定，并具有了充实、完整的内涵的。从出版的诸多新闻采访学著作来看，对新闻采访所下的百余条定义都比较繁杂，具有代表性的定义有如下三类：

一是素材搜集说。这类定义认为新闻采访是新闻素材的搜集活动。高宁远、郭建斌等认为"新闻采访是记者通过各种方式寻找和采集新闻素材的活动"[③]；刘海贵认为新闻采访的定义为"新闻工作者为搜集新闻素材所进行的活动"[④]；徐国源认为新闻采访"即记者为了报道新闻而进行的各种采集和挖掘事实材料的职业性活动"[⑤]。这类定义侧重强调采访的结果，指出新闻采访最直接的目的是为了获取新闻素材，但它们忽视了新闻采访的手段及新闻报道的根本目的——新闻传播。

二是调查研究说。蓝鸿文认为新闻采访"是向客观事物进行调查研究的一种活动"[⑥]；梁一高认为"新闻采访，是记者认识客观事物，寻找与挖掘新闻事实或新闻的调查研究活动"[⑦]；杜荣进认为"新闻采访就是为采集新闻而进行的调查研究"[⑧]。此类定义虽有一定道理，但调研报告的写作者必须自觉以研究为目的，根据社会或工作的需要，制订出切实可行的调研计划，即将被动的适应变为有计划的、积极主动的写作实践。同时，写作者还要从明确的追求出发，经常深入社会一线，不断了解新情况、新问

① 干宝.搜神记[M].北京：商务印书馆，1957：1.

② 房玄龄.晋书[M].北京：中华书局，1997：2150-2151.

③ 高宁远，郭建斌，罗大眉.现代新闻采访写作教程[M].北京：新华出版社，1998：34.

④ 刘海贵.当代新闻采访[M].上海：复旦大学出版社，2002：5.

⑤ 徐国源.当代新闻采访与写作[M].苏州：苏州大学出版社，2006：51.

⑥ 蓝鸿文.新闻采访学[M].北京：中国人民大学出版社，1984：91.

⑦ 梁一高.现代新闻采访学教程(修订本)[M].北京：中国广播电视出版社，2001：132.

⑧ 杜荣进.中外新闻采写借鉴集成[M].杭州：浙江教育出版社，1999：126.

题，有意识地探索和研究，写出有价值的调研报告。因此，调研报告仅属于一般概念，是社会中的一种工作方式，而新闻采访则是一门有专门研究对象、理论及方法的独立学科，二者不能混为一谈。

三是互动行为说。这类定义从人际互动的角度来诠释采访，把新闻采访理解为一种对话、一种交流、一种人际沟通和互动行为。国外学者对此研究较早，如“采访的定义，就是具有既定目标的对话”（威廉·梅茨）；“新闻采访是一种人际间的交流，是被采访者与采访者之间面对面的一种思想和个性的交流”（沃伦·K.艾吉）；等等。

综上所述，笔者尝试着给新闻采访下了一个比较科学、准确的定义：新闻采访是记者出于新闻传播的目的，通过访问、调查、现场观察等手段采集新闻或新闻素材的职业性活动。

第二节 新闻采访的特点

我们在进行了上述分析后可以发现，与其他的社会实践活动相比，新闻采访具体有以下八个特点。

一、采访的公开性

在社会生活中有很多调查研究活动，如商业上的市场调查、军事上的情报搜集、法律上的搜集证据等，通过这些调查活动获取的调查材料并非都会公开，有些还要保密，如商业和军事等方面的调查。而公众对新闻信息具有知情权，所以新闻采访与其他信息采集活动不同的是，其目的是为了满足公众对新闻信息的需求，使受众了解各种动态，从而具有广泛性、公共性、公开性，不仅记者采访的范围、内容是公开的，采访的结果也作为报道成为一种公共资源。新闻采访通过记者的调查研究，搜集新闻素材，整理、归纳信息，写成各种新闻文本，如消息、通讯等，经过编辑部的编辑制作，再通过传播机构向受众进行广泛传播。

二、采访的即时性

采访的即时性，也称新闻的易碎性，指新闻采访都有时间限制，记者必须在有限的时间内完成采访任务。各种调查研究都存在时间限制的问题,但相比较而言,有些调查研究时间跨度大,有的甚至需要花费几年的时间,如历史学家可用较长的时间追溯、考究一个史实。但是,新闻是最新的实时变动的信息,新闻传播者要尽快将新闻传播给受众。新闻采访特别强调时效性,要求记者"在一定的时间内"完成采访、写作、发稿的全过程。若时过境迁,新闻就容易成为旧闻,失去其价值。新闻要做到快速传播,记者的首要任务就是在采访阶段做到快采,这样才能做到快写和快传,可以说,快采对是否能够做到快写和快传具有制约性。记者应有新闻敏感性,并树立正确的时间观,做到快采快写,以传播新闻信息为使命,以先声夺人的速度吸引受众,满足受众求新求快的欲望。尤其是对突发事件的报道,不仅要快速、准确,还要做到形神兼备,体现出新闻的真实性和可信性。在市场经济条件下,新闻业的竞争十分激烈,时效往往决定胜负,人工智能也参与其中。2017 年 8 月 8 日 21 时 19 分,四川省北部阿坝州九寨沟县发生 7.0 级地震,"中国地震台网"公众号随即发布了由机器人用时 25 秒自动编写的消息,介绍了震级、震中地形、人口热力、周边村镇、历史地震等大众普遍关注的内容。①

三、采访的求实性

不管采访什么样的新闻,记者都必须事先了解情况,把事实真相调查清楚,掌握足够的材料,然后在研究的基础上得出正确结论,才能进行报道。所以,某种程度上说,新闻采访也是一种调查研究,具有求实性。新闻记者的调查是为了向公众传播真实的、准确的新闻信息,调查既是记者认识报道对象的过程,又是按照新闻的特点和规律开展的工作,调查的过程也是获得新闻真相的过程。

四、采访的对等性

新闻采访应是平等的人格之间的对话,记者和采访对象之间应该实现平等交流,然而,现实中却经常出现一些记者强迫式采访的案例。例如,2011 年 11 月 12 日《中国青年报》的报道:照片的背景很杂乱,上面堆满了衣物和床单。照片的右侧,一个女子向里侧卧在床上,两手抓着床单,将脸捂得严严实实。左侧,有好几只指甲涂得鲜红

---

① 萧潇,张鑫.人工智能冲击,机器人 25 秒写就九寨沟地震新闻[EB/OL].(2017-08-11)[2017-11-30].http://js.people.com.cn/n2/2017/0811/c360303-30595645.html.

的手握着话筒，将它们凑到女子的头边。话筒上，南方卫视、广东卫视“今日关注”栏目、深圳电视台“公共频道”的标识清晰可见。报道的开头特别强调了“鲜红的指甲”，不要以为这是记者的无意之笔，实际上这正是记者的“点睛之笔”。若再将其与杂乱的背景与杂乱的衣物床单进行对照，便形成了一种强烈的对比，一个是地位高高在上的媒体，一个是被伤害的弱女子及其弱势家庭。某些记者的采访风格说好听些是穷追猛打、刨根问底，其实是一种高高在上的“逼问”。这种“逼问”与审问有什么不同？说到“红指甲”，还要说“浓妆艳抹”。“强迫式”采访源于媒体从业者的优越感，作为记者，应当以平等博爱的心态对待被采访者，应将被采访者当成拥有隐私权的平等采访对象，而不仅仅是一个“新闻富矿”。①

五、事件的突发性

人们关注新闻报道中涉及的事件、人物以及经验、现象等，因此可将新闻分为事件性新闻和非事件性新闻，事件性新闻又分为突发性事件新闻和非突发性事件（可预知事件）新闻两类。突发性事件如地震、洪灾、火灾、军事政变等，因为这类事件多为突然发生，为了抢新闻，要求记者尽可能第一时间赶到现场采访，尽快写作和制作新闻，尽早传播，如一场地震或龙卷风的到来、火车相撞、飞机失事等，皆属此列。灾难的突发性决定了报道的速度是第一位的，在最短的时间内作最新的报道，才能满足灾难发生后人们对信息的巨大需求及其在思想混乱时的心理需求。能否快速地投入新闻报道，成为决定此类新闻报道是否成功的关键性问题。自然灾害发生时，新闻记者一般在第一现场，因为事件现场的一切均具有极高的新闻价值，记者看到的一切都是观众想要看到的，都会成为人们关注媒体所作报道的理由。

六、需要的广泛性

在社会生活中，人人需要其渴求信息的欲望得到满足。然而，每个人对新闻报道的内容、形式等方面的需求，又可能因自身的多种因素不同而偏好各异。如有的受众偏好商品信息，而有的受众偏好简明信息、政治报道、长篇通讯或报告文学等，不一而足。受众对新闻多层次、广泛性的需求，要求新闻报道的题材、体裁等相应地具有多样

① “强迫式”采访源于“媒体优越感”[EB/OL].(2011-11-13)[2017-11-30].http://news.cntv.cn/20111113/101429.shtml.

性和广泛性。受众需求的广泛性要求新闻记者采访的覆盖面必须扩大，采访地点、采访对象和采访主题也要因此变得多样化，从而更好地满足受众的广泛需求。

七、知识的全面性

随着现代科学技术和社会生活的快速发展，作为综合性应用学科的新闻采访学，与其他学科的联系日趋紧密，这就要求记者的知识面一定要广博，因为记者采访时的接触面广，几乎无所不包。记者除了要掌握新闻学、传播学的专业知识外，还要掌握文、史、哲、政、经、数、理、化等方面的知识，故此有“新闻工作者是杂家”之说。记者的知识面广，采访时可迅速有效地同各阶层的采访对象找到共同的意义空间，进行深入访谈，有助于加深记者对人、对事、对稿件的全面理解，从而把文章写得或编得更深厚，避免知识性差错。例如，可以避免动植物名称差错，有文章提到“稀世珍宝，青海黄鱼”。这里的黄鱼系湟鱼之误。湟鱼为青海湖所特有，成鱼每年只增重一两(50 克)，一条一斤(500 克)重的鱼要 10 年才能长成，的确是稀有品种。再如，书名、人名错误，常有人将张恨水的长篇小说《啼笑因缘》错写成《啼笑姻缘》，将钱钟书的《管锥编》错写成《管锥篇》。

八、活动的艰辛性

由于很多新闻具有突发性，记者的压力很大，经常风里来雨里去，跋山涉水，还经常需要熬夜，正常的生活规律被打破，较少休整，加之每次的采访项目不同，采访对象也千差万别，又必须在规定时间内完成采访，十分辛苦。从事舆论监督的记者有时会影响采访对象的利益，往往会被拒绝采访，或者采访时被设置各种障碍，其人身安全受到威胁的情况更是比比皆是，甚至有记者为此付出生命的代价。美国一项调查统计的数字颇能说明问题：在美国 70 岁以上的长寿者中，占比例最小的是新闻记者；35 岁以前因患各种疾病过早死亡的人中，占比例最大的是新闻记者。该调查的结论是：记者是最短命的。在灾难性事件的新闻报道现场，记者身处危险之中，有些战地记者甚至命丧战场。例如，有人称叙利亚是西方记者的“坟场”，2012 年 3 月 22 日，英国《星期天泰晤士报》美国籍女记者玛丽·科尔文及法国摄影师雷米·奥奇力克在叙利亚采访时便遭炮击身亡。同年 8 月 20 日，日本女记者山本美香在叙利亚北部城市阿勒颇遭遇枪战，中弹身亡。2017 年 7 月 30 日，受雇于今日俄罗斯电视台(RT)阿语频道的一名通讯员，在叙利亚采访途中遭遇极端组织“伊斯兰国”武装分子炮击，不幸丧生，年仅25岁。近年来，由于中国新闻业的竞争日趋激烈，新闻从业人员的健康状况每况愈下，过早躺在病床上的不在少数，三四十岁便英年早逝早已不是个别现象，这应当引起我们的警惕和重视。

第三节　新闻采访的重要性

纵观新闻采访、写作、编辑、发行等过程，采访的基础性、决定性地位与作用不容低估。90多年前，著名报人邵飘萍在《实际应用新闻学》一书中指出，在报纸的所有业务中，“以采访为最重要”“因为一张报纸的最重要原料厥为新闻，而新闻之取得乃在采访”。我国台湾的许多新闻学者指出：采访工作实为全盘工作的灵魂。西方新闻界普遍认为一流的采访者必定是一流的撰稿人。美国全国广播公司原新闻部主任弗兰克曾说：采访是我们这一行的基本手段，没有它我们就无法生存。对于采访的这种基础性、决定性地位与作用，我们主要应从采访与写作的关系这一角度去认识。从新闻实践的角度看，二者既紧密相连，又有先后、主次之分，具体反映在以下四个方面。

一是反映在活动的程序上。从活动的程序上看，先有新闻采访，后有新闻写作。这一程序不能颠倒，否则就违反了新闻工作的规律，就不叫新闻活动，就会变成闭门造车。

二是反映在活动的内在联系上。在新闻报道的形成过程中，事实是第一性的，反映事实的新闻报道是第二性的，先有事实，后有新闻，二者之间的媒介是采访。离开采访，写作就成了无源之水、无本之木。

三是反映在活动的性质上。新闻采访和写作的活动性质，一个是认识实际，一个是反映实际，只有正确认识实际，才能正确反映实际。从这个意义上说，采访决定写作，采访是写作的基础，写作则是采访的归宿。

四是反映在写作对采访的反作用上。实践证明，新闻写作常常反作用于新闻采访。若记者从事新闻工作时间长、经验丰富，其写作能力也会随之提高，能清晰地知道采访如何才能有的放矢，可以有效地判别材料的真伪优劣，减少访问失误，少走弯路。

长期以来，相当一部分新闻工作者有重写作轻采访的倾向。据统计，我国大多数出版的新闻业务类刊物中，论述“如何搞好新闻写作”的文章要占到40%～70%，而论述“如何搞好新闻采访”的文章仅占20%～30%。有些刚从事新闻工作的记者往往把采访看得很容易、很简单，对“生花妙笔”则看得很重，这种倾向是值得警惕的。做一名称职的记者，是得有一支能“生花”的“妙笔”，但是，文笔只有深深地扎在采访的土壤里，才会开出艳丽夺目、芳香扑鼻的花朵。在新闻实践中，必须坚持辩证唯物主义，反对唯心主义和形而上学，应当全面看待和正确处理新闻采访与写作的关系，确立新闻采访是新闻写作的基础的观念。同时，要熟练掌握新闻写作技巧，一切从实际出发，深入采访，专心写作，只有这样，才能不断提高新闻报道的水准。

第四节　新闻采访的基本方式

一般社会科学或自然科学的调查研究，因其调查研究的项目和访问对象相对集中、单一，故其活动的实施形式也相对固定，可在办公室、实验室、田野等处进行。由于新闻采访具有特殊性，因此，采访方式也具有侧重点和独特性。

一、显性采访

显性采访是一种常规采访，是指记者在采访中向采访对象公开自己的身份和表明采访目的的采访方法。

(一)显性采访的特点

一是记者采访行为的公开性。二是“主体”的依赖性。记者要依赖“主体”，即采访对象提供消息，依靠采访对象的帮助了解情况；三是采访对象的制约性。有的采访对象不愿接受记者的采访，有的采访对象对事物、事件的观点和立场与记者不同，他们在采访过程中未必能准确地表达自己的思想或表现出情绪上的变化，会影响采访的效果。

(二)显性采访的基本形式

显性采访分为个别访问、蹲点采访、问卷采访、座谈采访、上下结合式采访、点面结合式采访、现场观察(现场采访)等形式。

1.个别访问

这是记者使用最普遍的采访形式,个别访问偏重从新闻人物或知情人物那里获取新闻材料,也称"一对一"采访。

2.蹲点采访

蹲点采访指记者深入一个点进行扎实的采访,或就一个问题进行深入、连续的报道。蹲点采访适合时间不太紧迫但报道量较大、涉及面较广的解释性报道、调查性报道、人物通讯等报道题材。

3.问卷采访

记者根据题材需要,按概率论和数理统计原理,从全部研究对象中抽取部分作为样本,拟定若干问题,以纸质或网页的形式向受众发放传送,然后获取采访信息。

4.座谈采访

记者可就某个新闻专题,邀请有关人员座谈,可在较短时间内搜集较多新闻材料,效果较为显著,一般涉及面较广的大、中型报道题材,多采用此采访形式。

5.上下结合式采访

记者在采访前先和上级机关接触,了解全面情况,从中发现新闻线索,再逐级深入下去采访。

6.点面结合式采访

记者在采访时注重搜集典型材料和背景材料,报道时进行一般性和特殊性的论述,突出特殊和一般的辩证关系。

7.现场观察

也称现场采访。现场观察强调记者必须深入新闻事件发生的现场,充分发挥视觉功能,对事物微观细察。现场采访已被越来越多的新闻界人士所重视。

二、隐性采访

隐性采访是与显性采访相对而言的,也称秘密采访或暗访,指新闻记者为完成某一特定的采访任务，以完全不公开或部分隐瞒自己的身份，不公开采访工具或设备，或者隐藏真正的采访意图，在采访对象不知情的情况下，通过偷拍、偷录等记录方式，获取已发生或正在发生却未被披露的新闻素材而采取的一种新闻采访方式。

这种采访的优点是不会因为记者的采访而改变采访对象的活动。隐性采访是隐藏记者的身份与采访目的的采访方式，仅适用于某些特殊场合、特殊题材或特殊采访对象。运用这种方式的目的在于减少采访障碍和干扰，获取有价值的新闻事实，务必十分慎重，一般应控制在法律和新闻道德允许的范围之内，或已经得到有关部门的授权，切勿滥用。

隐性采访应具备以下三个条件。第一，记者隐去了记者身份而出现在新闻事件的现场。值得注意的是，这时的"记者隐去了记者的身份"是一种带有主观故意的行为，这和一些记者不期而遇的目击性新闻或者目前新闻界议论较多的体验式采访有所不同。第二，采访是在被采访者未知的情况下进行的。隐性采访能否顺利完成，与记者是否做到了让"被采访者未知"密切相关，这也是体现记者业务水平高低的关键所在。第三，采访未事先征得被采访对象的同意。事实上，围绕隐性采访的道德和法律争议，也主要集中在这一点。但是，对公共利益和公共道德的尊重及维护，可以对抗隐性采访"非法"及"非道德"的质疑。许多人对隐性采访质疑的依据，是《中国新闻工作者职业道德准则》中关于"通过合法和正当手段获取新闻，尊重被采访对象的声明和正当要求"这条规定，事实上，在隐性采访中是无法满足这条规定的，一旦满足，隐性采访就变成了公开采访。从另一个层面看，隐性采访的对象一般为有非法或非道德行为的人，事先征求被采访对象的意见，对他们所谓"声明"(譬如拒绝接受采访)的尊重，实际上是对他们的非法或非道德行为的尊重，这与公共利益和公共道德的要求是相悖的。

隐性采访的适用范围有：一是进行舆论监督，对某些违法乱纪、不法行为进行揭露时，可选用隐性采访。二是采访某些社会新闻，当事人不予配合的，可选用隐性采访。三是采访某些经济新闻，或对某些人物的采访，为新闻能够保真，可适度"暗访"。

隐性采访应遵循公共利益原则、策划原则、组织原则、适度原则，同时注意不要触碰法律的"三密"禁区：一是涉及商业秘密；二是涉及公民通信的秘密；三是涉及公民的个人秘密，即隐私。并应注意是否属于隐私的公共性范畴：一是场合的公共性；二是内容的公共性；三是对象的形象性。

三、体验式采访

体验式采访，即记者为了深切地理解生活，亲自去体验某一行业的工作，并在此基础上写出报道的采访方式。体验式采访有利于记者的生活体验和生活积累，使记者同生活保持有血有肉的联系，同社会保持息息相通的联系，避免由于仅从记者的角度看问题而产生的许多"职业病"。

体验式采访有四个主要优点：一是体验式采访能使记者更真切地了解事物真相。采访是一个认识过程，通过亲身体验，记者的这个认识过程会更扎实、更自然、更合情合理。二是记者深入采访对象的生活，能更方便地获取需要的新闻材料。三是体验式采访让记者有自己的强烈感受，有助于其写出更生动的报道。四是体验式采访有时能了解到其他采访方法了解不到的情况。

体验式采访与普通采访的一个重要区别在于，记者事先已经知道采访的对象、地点，甚至采访的主题，是一种策划后的采访。因此，在策划中选择什么样的采访对象、宣传什么样的时代精神、抨击什么样的丑恶现象，对于采访能否成功至关重要。体验式采访虽然有不少优点，但它只是众多采访方法中的一种，是一般采访方法的补充，不能盲目使用，不能认为这种采访方式是万能的。体验式采访要防止片面性，需要记者做到指导性和可读性的统一、大主题和小角度的统一、热点和冷点的统一，并遵守道德规范和法律规范。记者既要积极主动地做好采访，又要做到途径正确、方法得当、行为规范。

总之，采访的方式多种多样，除了上述方式外，经常被记者采用的新闻采访方式还有参加会议、查阅资料、电话采访、网络采访等。

▶本章小结

本章主要介绍了新闻采访的定义、特点、重要性和采访的基本方式。新闻采访是记者出于新闻传播的目的，通过访问、调查、现场观察等手段采集新闻或新闻素材的职业性活动。新闻采访具有采访的公开性、即时性、求实性、对等性，事件的突发性，需求的广泛性，知识的全面性，活动的艰辛性等特点，纵观新闻采访、写作、编辑、发行等全过程，采访的基础性、决定性地位与作用不容低估。新闻采访的方式多种多样，主要有显性采访、隐性采访、体验式采访等。

▶关键术语

1.新闻采访是记者出于新闻传播的目的，通过访问、调查、现场观察等手段采集新闻或新闻素材的职业性活动。

2.采访的即时性。也称为新闻的易碎性，指新闻采访都有时间的限制，记者必须在有限的时间内完成采访任务，采访具有即时性的特征。

3.显性采访是一种常规采访，是指记者在采访过程中向采访对象公开自己的身份和表明采访目的的采访方法。

4.蹲点采访。即记者深入一个点，进行深入扎实的采访，就一个问题进行深入、连续性的报道，适合于时间不太紧迫但报道量较大、涉及面较广的解释性报道、调查报告、人物通讯等报道题材。

5.隐性采访。与显性采访相对，也称秘密采访或暗访，指新闻记者记者为完成某一特定的采访任务，以完全或部分隐瞒自己的身份，不公开采访工具或设备，或者隐藏真正的采访意图，在采访对象不知情的情况下，通过偷拍、偷录等记录方式，不公开地获取已发生或正在发生而未被披露的新闻素材而采取的一种新闻采访方式。

6.体验式采访。指记者为了深切地理解生活，亲自去体验某一行业的工作，并在此基础上写出报道的采访方式。

▶思考与研讨题

1.什么是新闻采访？

2.怎样全面、正确地认识采访与写作的关系？

3.从形式、性质上划分，采访各有哪些具体方式？

4.新闻采访有哪些具体的特点？

5.结合材料，你认为这则材料反映了新闻采访的什么特点？

费雯·丽让记者碰了个大钉子

英国著名影星费雯·丽因扮演影片《乱世佳人》中的郝思佳一角而一举成名，获得奥斯卡金像奖。1961 年 3 月 8 日，她飞抵纽约，庆祝《乱世佳人》复映时，一个记者去采访了她，记者问："您在电影中扮演什么角色？"费雯·丽反问道："你看过这部影片吗？你看过那部小说《飘》吗？"记者回答："都没有看过。"费雯·丽说："那就不必多谈了。"她无意和一个如此无知的人交谈。当时在场的美联社记者目睹了这名记者的窘状，写了一篇特写，一时间，这名记者在新闻界被传为笑柄。

▶延伸阅读

[1]赵书华.一次塞罕坝行 一生塞罕坝情[N].河北日报，2017-07-18(2).

[2]刘莹莹.从新闻采访心理谈法制新闻采访技巧[J].新闻研究导刊，2017(4)：224.

[3]李林珏.浅谈新闻采访特征及采访技巧[J].新闻传播，2017(4)：86，88.

[4]李黎祥.一场历时三年的新闻采访——阿布列林·阿不列孜先进事迹报道始末[J].新闻爱好者，2017(2)：60-63.

[5]独家视频：最靠近战争的人为你揭秘战地生活[EB/OL].(2017-11-06)[2017-11-30].http://m.news.cctv.com/2017/11/06/ARTI42iZRpp0NvIpJEqRvZ48171106.shtml.

第二章　记者的类型

▶章节大纲

1.记者的发展历史；

2.专业记者与机动记者；

3.特派记者与特约记者；

4.地方记者与驻外记者；

5.新媒体时代的记者。

▶章节内容

本章主要介绍记者发展的历史，以及记者类型的相关知识。新闻记者的分工日益细化，按照记者的工作领域、工作的机动性、工作地点、媒介载体的不同，可将其分为专业记者、机动记者、特派记者、特约记者、地方记者、驻外记者、新媒体时代的记者等，各种类型记者的发展及各自特点皆有不同。

记者这个职业出现之初，新闻采访对工作人员并没有明确的分工。但是，随着传媒事业的飞速发展和行业竞争日益激烈，为了适应各类新闻报道的需求，新闻记者的分工日益细化，其工作类型也日趋多样。

第一节　记者的发展历史

记者是个既年轻又古老的职业，从记者记录和报道的基本职能来看，其社会角色可以追溯到人类社会的早期，但真正意义上的“记者”是近代报业发展的产物，其历史不过两三百年。

一、人类早期社会的新闻传播者

自人类结绳记事、刻画记号以及传递消息始，就产生了信息传播者。在人类早期社会，新闻传播者由氏族和部落的长者、酋长、巫师等兼任。他们虽然是新闻的传播者，却未必是新闻的采集者。最早的采访活动约始于三千年前的殷周时期。当时周天子派人到民间搜集歌谣、了解民情，《汉书·艺文志》记载："古有采诗之官，王者所以观风俗、知得失、自考正也。"[①]采诗官虽不能与今天的新闻记者相提并论，但从《诗经》中如《硕鼠》《伐檀》等诗章的内容来看，采诗官记录了许多重要的社会新闻，反映了社会舆论。孔子及其弟子在周游列国时写下了许多纪实的"访问记"，将这些作品的采写者称作后世记者的远亲，也不无道理。史官也是古代的新闻记录者，其分工为"左史记言，右史记事"。春秋战国时期，写有各诸侯国的历史的记载文书多出自史官之手，史官出身的司马迁对汉代之前发生的事件进行了采访和记载，据此撰写成的《史记》被鲁迅誉为"史家之绝唱，无韵之《离骚》"[②]。

二、中国封建社会的"进奏官"和"邸史"

上述采集活动与报纸没有关联。中国古代报纸始于唐代，距今已有1 200多年。"邸"是为在朝廷与郡、属国之间互通消息和接待郡、属国的来人而设的，负责"邸"的官员被称之"邸史"。沟通皇帝和各郡之间联络工作的"邸史状"也被称为"邸报""报状""朝报""邸钞""阁钞"等，但其性质和作用仅是将朝廷政事"条布于外"，以达到"使朝廷命令播之天下，天下可得而闻，不可得而测；可得而信，不可得而诈。则国体尊而民听一"[③]之目的。这些报纸的"办报人员"无须采访，只负责抄录皇帝的谕旨、文告、朝廷动态、臣僚章奏等后，通过官方渠道，传至各地官员即可。进奏官始于唐代中后期，其前身是各地藩镇派驻首都的邸务留后使，主要职责是向所属藩镇抄传来自朝廷的"报状"。唐中叶之后，无论是邸务留后使或进奏官，其行政归属和信息传播均服务于地方，不受中央的直接控制。这种倾向在五代时期更加明显，但在宋初发生了变化。宋太宗太平兴国六年（公元 981 年），进奏院被改为直属朝廷的"都进奏院"，进奏官也从

---

① 班固.汉书[M].北京：商务印书馆，1955：7.

② 鲁迅.汉文学史纲要[M].北京：人民文学出版社，1973：59.

③ 周麟之.海陵集·论禁小报[C]//李彬.中国新闻社会史文选.北京：清华大学出版社，2008：15.

由地方指派改为由朝廷任命、由朝官监领，其信息传播活动亦受到诸多限制，至此，确定了中国古代官方政治信息传播的基本模式。随着印刷技术的提高，出现了“小报”，以及“专以探报此零事为生”之人，且可“坐获不资之利”，这类人的活动性质接近近代新闻记者的采访活动。

元、明、清三代，邸报沿袭旧制，只不过负责传递印发布官方信息和文告的机构叫法有所不同：元代是通政院、明代是通政司、清代是军机处。随着政治、经济的发展，人们对新闻的需求越来越迫切，官方新闻传播的范围也随之扩大，仅靠邸报传递消息已不能适应社会需要。于是，16 世纪中叶，明朝政府允许民间自设报房，翻印部分邸报并公开出售，由此产生了明清时期另一种重要报刊——《京报》。《京报》有较为固定的报名、形式和日期，有专门从事编印和发行的独立机构——报房。明清时期开始出现少量由报房独立采写的稿件，这种报房的形式与近代的报社相比，多了几分相似。

三、近代以来记者的发展

我国近代报业的出现晚于西方，近代职业新闻记者出现在 19 世纪初。伴随着西方传教士来华办报，外国人创办了中文报刊《察世俗每月统记传》，而中国人梁发是中国近代较早的记者之一。19 世纪 50 年代后，国人自办报刊大量涌现，许多报纸设有“访事员”。1872 年，《申报》创刊后开始设立“访员”，专门采访本地新闻。1875 年，《申报》首次刊登了招聘“访事”的广告，应聘担任“访事”的条件是：“必须学识兼长，通达事务，并为人端正，实事求是者。”并称“薪金当从丰酬送，愿者来馆面议”。之后，《申报》在北京、南京、杭州、武昌、宁波、扬州等 26 个城市均聘有“访事人”或“访员”。19 世纪末 20 世纪初，以王韬、梁启超、严复等为代表的资产阶级改良派借办报宣传变法，是中国近代政论报纸记者的代表。1899 年，梁启超在《清议报》第 7 期首次使用了“记者”一词。

20 世纪初，主流报刊纷纷开始沿用“记者”的称谓，除“访员”一词间或与之相伴外，“访事”等称呼大多被淘汰。至 20 世纪 40 年代，“记者”几乎取代了其他所有的前称或别称，成为新闻采访职业的通用称呼。辛亥革命后，新闻记者在社会上的地位有了很大提高，各大报都派出一些受过西方教育，且有较高写作水平和活动能力的记者常驻北京，其中著名的有黄远生、刘少少、徐彬彬、邵飘萍、林白水、胡政之、张季鸾等。1925 年前后，各报社基本都有了内外勤之分，并吸收了日本新闻界的称谓，开始正式把外出采访的人冠以“外勤记者”的称号。

20 世纪 30 年代后，无产阶级开始登上历史舞台。随着马克思主义的诞生，无产阶级新闻记者逐渐成为活跃在世界新闻大军中的一支重要力量。毕生为报刊写下了 2,000多万字的文章和有关信件的马克思、恩格斯是无产阶级新闻记者的楷模；俄国的列宁、斯大林、加里宁和德国的倍倍尔等人的报刊活动，为后世留下了丰富的精神遗产。在世界反法西斯战争期间，苏联记者出生入死、深入战场，采写了大量报道。

进入 21 世纪，互联网信息技术和数字技术的快速发展，使传播技术不断发展，新媒体深刻地改变了人们的生活。传播媒介不断更新，从报纸、广播、电视发展到如今的网络用户端和手机客户端。新闻工作也伴随这些变化不断转型，网络新闻的崛起、新闻书写软件的出现、全民记者时代的到来，正在改变着新闻业态。在互联网时代，新闻的发布几乎可以实现零延迟，消息报道多被网络媒体占据，传统媒体注重深度报道。新闻行业的从业者，即专业的记者们也面临着新媒体时代的挑战。即使书写软件可以提高新闻采写效率、降低新闻制作成本，但它终究是没有人类感情的机器，因而也永远无法取代专业记者的重要地位，只有专业记者才能保证新闻的专业性、真实性、客观性和权威性。目前，我国记者人数较多，据国家广播电视总局的数据显示，截至 2017 年 11 月 7 日，全国持有效记者证的记者超过 22.8 万名，分别供职于报纸、期刊、通讯社、电台、电视台和新闻电影制片厂、新闻网站等新闻机构。按性别划分，新闻记者中男性占 51.77%，略高于女性[①]。

第二节　专业记者与机动记者

按照工作领域的不同，记者可分为时政记者、财经记者、军事记者、科技记者、体育记者、娱乐记者等类型，从而形成专门采访报道某一领域的“专业记者”。按照工作机动性的不同，记者还可以分为机动记者、特派记者、特约记者等。

---

① 第十八个中国记者节 我国持证记者已超过 22.8 万人[EB/OL].(2017-11-15)[2017-11-30].http://tv.cntv.cn/video/C10598/72f3f0ef8d9a4ce290e13f7f87142fa6.

一、专业记者

（一）专业记者的概念

专门采访报道某一行业或某一战线的记者被称为专业记者。专业记者的最大特点是“专”，他们在其分工的领域掌握着较多的专业知识，并对专业知识有一定研究，有独到的见解。

（二）专业记者的素养要求

专业记者之“专”在新媒体时代尤其必要，这一特征与人数渐趋增多的自媒体形成了鲜明的对比。截至2017年6月，中国网民规模达到7.51亿人，占全球网民总数的五分之一，互联网普及率为54.3%。① 网民可自由地在网络上发布信息，他们在新闻行业以及整个社会中发挥了重要的作用，产生了深刻的影响。相较而言，专业记者应具有更高的权威性和客观性，能保证新闻的真实性。

第一，专业记者应具有过硬的专业素养。经过系统的新闻理论与新闻业务学习，专业记者应具有专业技能、专业理论与专业精神，能够做到“口头”“笔头”“镜头”的统一，这是接受了专业培训才能具备的能力。专业记者应当始终本着客观性原则，向公众客观地、不带偏见地报道事实，且在报道中能做到把事实与关于事实的价值分开。而自媒体发布的消息绝大部分带有评论色彩和个人倾向。

第二，专业记者应具有较强的政治素养。新闻事实发生了，可能涉及党派斗争，记者本身可能就是某一党派的成员，专业记者即使有自己的政治倾向，但其新闻报道也应是无党派色彩的，仅对客观事实进行陈述。

第三，专业记者应具备更高的道德素养。即使新闻事件涉及记者的个人利益，但专业记者应能从职业的角度去衡量和报道事实。尤其是在新闻图片的处理上，专业记者往往比自媒体更具人文关怀，令人感到惊恐、反感的画面一般不会出现在专业记者的报道中。相比之下，自媒体传播的内容则良莠不齐。

第四，专业记者应具备更高的科学素养。专业记者均接受过高等教育，知识博而

---

① 第40次《中国互联网络发展状况统计报告》发布[EB/OL].(2017-08-07)[2017-11-30]. http://news.xinhuanet.com/zgjx/2017-08/07/c_136506155.htm.

专，若报道涉及某方面专业知识，专业记者可以将其深入浅出地呈现在公众面前。在自媒体上，涉及专业知识的新闻比例很小，因为自媒体的消息发布者来自各行各业、各个城市、各个年龄段，素养参差不齐。

第五，专业记者应具备极强的心理承受能力。面对特大灾害或残忍、血腥、暴力等场面，专业记者能够做到镇静自若，成为权威信息的发布者，进行真实、客观、公正、全面的新闻报道。在新媒体时代，面对新的传播方式和传播平台，专业记者需要根据时代的发展做出调整与改变，转变思维，提升能力。

（三）专业记者的人性化关怀

新闻书写软件给新闻工作带来了前所未有的变化，也为新闻工作提供了一定的便利，但新闻书写软件的实质是程序，生成的新闻是计算机运作的结果，而不是人脑劳动的产物。即使新闻书写软件又快又便宜，但是生硬的内容导致稿件质量得不到保证。新闻书写软件无法参与采访环节，而新闻事件的报道需要新闻记者亲自去现场了解情况、采访相关人物，在人与人之间进行沟通。而冰冷的机器、被设计的程序无法完成与人的采访交流。此外，新闻书写软件根据关键词生成新闻，无法进行深度分析，这是程序本身的缺陷。

与新闻书写软件相比，专业记者具有人特有的温度。人之所以能在动物群体中脱颖而出，就在于人有思想。人类有生活的经验、有对历史的感悟，面对新闻事件时，有机动的采访、处理方式，有进行深度分析的能力，有带着"温度"的态度。同时，与新闻书写软件相比，专业记者的语言充满了无限的魅力。人类的语言系统极其庞大，语法复杂多样，对于同一情形的叙述可以有很多不同的方式。相比书写软件固定的模式、生硬的语言，出自新闻记者之手的作品必定更符合人类的语言习惯和思维方式，能给人带来舒适的阅读体验。由此观之，新闻书写软件自带不可消除的弊端，所以它无法对新闻专业记者的重要地位产生较大的影响，更不可能取代专业记者。

前新华社社长郭超人有言："记者笔下有财产万千，有毁誉忠奸，有是非曲直，有人命关天。"在新媒体时代，专业记者的重要性不仅没有降低，反而进一步得到凸显。专业记者在这样的环境下要能够"不变"——坚守并且强化专业技能、科学素养、职业伦理与操守，保持好奇心和求知欲，坚持客观性、真实性原则，知识结构要博而专，要注重人文关怀。

二、机动记者

(一)机动记者的概念

机动记者指没有固定采访范围、随时准备听候编辑部调遣,去完成突发性新闻事件或重要新闻事件采访任务的记者。机动记者通常具较强的适应能力、丰富的采写经验、熟练的采写技巧、较快的采写速度及强健的身体素质。现在大多数媒体都设有一定数量的机动记者。

(二)机动记者的采访要求

1.学习方针政策与积累材料

机动采访记者要学习党的方针政策,把握形势发展的规律;要积累材料,对问题有全盘的了解,在宏观方面有所考虑;对采访的突击任务要能有条不紊地处理,接到任务后要能迅速有效地做好准备并开展工作。

2.要依靠党组织、依靠群众

有经验的机动记者在遇到思想准备不足、情况不明的采访时,开展采访的一个必要条件是:依靠各级党政组织。记者到某地之前可以先联系有关部门,确定行程和活动计划;赶到当地之后,立即请领导介绍主要情况;遇到工作量大的任务,还要请当地的干部或通讯员配合。这样既节省了时间,又能选准目标,可在较短时间内完成突击性的采访任务。

3.采访时间的要求

一般来说,机动采访的任务多是逐一完成的,采访工作通常是完成了一次再进行下一次的(也有在突击任务完成后,从容地插进一个不紧迫的采访任务的情况)。在同一时间,记者手头既有需要着手写作的稿件,又有下一步准备去采访的题目,还有一些可报道的线索,并要随时留意本地区的新情况、新变化。这是因为采访报道有很强的连续性,一般来说,记者从上次采访中摆脱出来进入下一次采访,中间要有一段思考、选择和准备的时间,这种过渡周期快则三五天,慢则一两周。

4.机动采访要特别注意准确性

由于机动记者一般对情况不太熟，采访时间短，容易存在“看不准、记不清”，分析错误或不全面的问题，因此要注意以下几点：一要全面看资料。一些有经验的记者去陌生的地方采访前，往往会提前花些时间阅读当地的工作简报，情况通报，批、发、送审的公文，从这些原始资料中了解该地的真实情况；二要注意向权威机关或上级单位印证有关内容；三要注意对实际情况做细致的观察；四要注意听取各方面的意见，尤其是反面的意见。

(三)机动记者与常驻记者的区别

机动记者的“根”在报社、电台、电视台，去全国(全省)采访，最大的特点在于“动”；常驻记者则远离编辑部，立足驻地，数年不换采访地点，主要特点在于“驻”。两者的根本特点不同，各有利弊。机动记者对编辑部的宣传意图比较清楚，外出采访的目的性与针对性比较强。但是，由于他们的任务机动，采访的题目是由有关部门或有关编辑组提供的线索，致使记者多缺乏思考，易造成被动。常驻记者远离编辑部，对上消息不灵，对编辑部的宣传意图了解较慢，采访易跟不上形势，采写的稿件报废率要比机动记者高。但是常驻记者也有自己的优势，一是熟悉当地情况、接近基层，容易发现实际工作中的新问题，编辑部若有新要求，可较快地进行采访并写出典型材料；二是采写内容多经过深思熟虑，面对采访时有足够的思想准备与新闻线索。

第三节　特派记者与特约记者

一、特派记者

(一)特派记者的概念

为报道重大新闻事件或重要新闻人物，由编辑部专门派遣的记者称为特派记者。特派记者一般负有较重的责任，常常需要到一些特殊的地区、单位去采访。与一般记者相比，他们在业务水平、活动能力以及身体状况等方面都更有优势。特派记者通常在该新闻单位有编制，领取该新闻单位工资。

(二)我国特派记者的发展

在中国新闻史上，特派记者一度被称为特派员。特派记者因特殊采访任务的需要，受编辑部特别派遣。我国有不少著名记者，在他们的新闻生涯中都有过当特派记者的经历。1916年，邵飘萍受上海《申报》派遣驻京，身份就是特派记者，他的主要工作是给《申报》发专电、写通讯。范长江在1935至1936年间写了大量的西北通讯，后结集出版《中国的西北角》一书，轰动全国。进入《大公报》当记者后，1936年11月至1937年7月7日抗日战争爆发期间，他先后赴内蒙古、陕西、四川采访。抗战爆发后，他作为《大公报》的战地特派记者，迅速奔赴华北前线和淞沪前线采访，后来又采访了淮北战役、台儿庄战役和徐州大会战。其战地通讯夹叙夹议，集叙述、描写、抒情、议论于一体，气势磅礴，风格独特，产生了深远影响。

在抗日战争和解放战争时期，党的报纸也设有特派员或特派记者。郁文、海棱、林朗等都曾以特派记者的身份在延安出版的《新中华报》和《解放日报》上发表过通讯。而在汉口、重庆发行的《新华日报》，先后担任过特派员或特派战地记者的人也有所增加，有陆诒、陈克寒、章汉夫、石西民、秋江、袁勃、刘白羽、周而复、李普等。《新华日报》特派员或特派战地记者写的通讯，在国民党统治区独树一帜，颇有影响。陆诒是通讯写得较多的记者之一，他的通讯主要有战地通讯、敌后通讯、国外通讯和对知名人士的专访等。1946年9月，新华社总社公布了《特派记者工作条例(草案)》，并任命朱穆之、陈笑雨、杨赓、穆欣、仓夷等为第一批特派记者，分赴各地采访；11月，总社又增聘华山、刘白羽、李普等为特派记者，分别到指定地区从事采访工作。这两批特派记者都写出了许多出色的报道，有的报道还多次被收入新闻作品选。

中华人民共和国成立初期，一些报纸也设有特派记者。当时，在《人民日报》上以特派记者名义发表通讯的有江横、林韦、田流、萧航、古维进、陆灏等十几位同志。他们的采访足迹遍及十多个省市。朝鲜战争爆发后，《人民日报》首先派李庄去朝鲜采访，他写的通讯，均是以"本报特派朝鲜战地记者"的名义发表的。华山也曾以"新华社特派记者"的名义发表过朝鲜战地通讯。当时，还有一大批记者跨过鸭绿江，奔赴朝鲜战场，他们写的通讯虽没有冠以特派记者之名，但其担负的任务与特派记者相比没有本质区别。朝鲜战争结束后，以"特派记者"名义写的通讯在报纸上不多见了，"本报记者”成了普遍的称呼。

20 世纪 90 年代以来，“特派记者”的称呼又纷纷在一些报纸上出现。其原因是报道署名冠以“特派记者”头衔，表明编辑部对报道十分重视，以期引起读者注意，同时也有利于培养记者，加强记者的责任感。

历史经验证明，委派特派记者要充分注意特派记者的政治素质和业务能力。从特派记者肩负的使命来看，特派记者的政治素质和业务能力都应比一般记者高出一筹，否则较难胜任编辑部交给的采访任务。

（三）特派记者的素养要求

1.政治素养高

特派记者在采访时会面对错综纷繁的社会现象，要学会自觉运用马克思主义新闻观来指导新闻采访，并在采访过程中做到举一反三，准确观察社会动态，预测走势，未雨绸缪，驾驭局面。记者应具备扎实的理论功底，深刻认识自己肩负的社会责任，做到“铁肩担道义”，写出百姓喜闻乐见的新闻作品。采访报道要以群众为主、以个人为辅、以大局为重，紧紧围绕地方党委和政府的中心工作，全方位、多侧面地宣传先进典型，团结、鼓舞、引导人民群众为促进社会稳定、推动经济发展作贡献。

2.专业素养高

与一般记者比较而言，特派记者必须有过硬的新闻采访和写作能力。在采访过程中，特派记者要靠腿去跑、靠眼去看、靠耳去听、靠嘴去问；既可以正面采访，也可以侧面迂回；既可以当面交流，也可以电话采访。特派记者要勤于跑、善观察、会倾听、巧提问、旁敲侧击，刨根问底，不一而足。此外，特派记者要灵活运用准备资料、组织座谈以及采取隐性采访、体验式采访等多种方式。面对采访中遇到的种种困难和阻力，想要追踪并挖掘出真相，特派记者也要有纯熟的应对技巧。

3.身体素质高

对特派记者的身体素质要求比一般记者更高，地震、水灾等灾难发生后，媒体通常会派特派记者第一时间赶赴灾区进行报道。例如，2017 年 11 月，两伊边境地区发生强震之后，央视驻伊朗的团队第一时间向相关部门申请前往灾区报道。当地时间 13 日，央视特派记者团队连夜赶往灾区，并在当地时间 14 日中午抵达受灾最严重的小镇之一萨尔波勒扎哈卜，特派记者在那里展开了连续工作，这对记者的身体素质要求很高。

（四）案例：如何让特派记者的稿件“特”起来？

在当前的媒体格局中，地方媒体的灾难报道要如何作为？与国家级媒体、社交媒体等多种信源如何形成差异化报道？大连的两家地区报纸——《大连晚报》和《半岛晨报》对雅安地震的报道可谓范例，它们充分发挥地方媒体“小、快、灵”的特点，高质量地完成了“自选动作”报道。

地震发生之后，受众最想了解的当然是灾区的人员伤亡、救援方面的信息，这些内容必然成为媒体特派记者灾区报道的主体。但是，各媒体的属性、特点不同，决定了报道侧重点、报道风格的不同。国家级媒体的灾难报道以整体大局为主，微博、社交媒体则侧重突出传播者个体的亲身感受。地方媒体特派记者的报道要想在大量同题材报道中占有一席之地，就得充分发挥其“小、快、灵”的特点，选取独特的报道视角，以大灾难中普通人的故事为切入点，展示人性的温暖。

此次，《大连晚报》《半岛晨报》的灾区特派报道就体现了这些特点。《淡定川人和老公在震中失去联系 妻子心急如焚徒步寻夫》（《大连晚报》2013 年 4 月 22 日），报道了一个新婚只有两个月的妻子，徒步震中，寻找在深山从事地质勘探的老公。稿件的故事性很强，牵动了许多读者的心。《用血肉之躯护子 公婆讲述感人爱》《桌椅挡住教室门 7 名男生开出生命通道》（《大连晚报》2013 年 4 月 23 日），报道了灾难事故中的大爱故事，追踪灾难事故背后的新闻。2013 年 4 月 24 日，《半岛晨报》的三篇稿件报道视角也比较新颖：《伤残车被征成救援车》《救援消防多为 90 后 几乎人人带伤》和一组图片报道《家塌了 最值钱的猪崽得背走》，真实地记录了灾难中普通人的故事，可读性很强。可以看到，上述稿件都是这两家媒体根据自身特点，在国家级媒体灾难新闻发布等常规报道范畴以外，采取不同的报道视角，加强底端新闻采集的范例。其实，也可以把这种“查缺补漏式”采访，称为地方媒体灾难报道的“自选动作”。“自选动作”报道的特色就在于，在看起来纷繁复杂的现场中理清思路，寻找报道的空白点，与国家级媒体的报道形成差异化。类似思路的报道在此次雅安地震报道中还有很多，这样的笔触和报道视角充分发挥了地方媒体“小、快、灵”的优势，从小处着眼，让人耳目一新。

此外，这两家媒体的特派记者在报道灾难事件中小人物的故事时，还着重挖掘故事蕴含的正能量，选取富有人情味的报道素材，增强了报道的厚度和张力。例如，2013

年 4 月 23 日《半岛晨报》的《芦山的早晨》《这是一碗最好吃的面》等报道，记者站在普通人的视角，记录了这次地震给人带来的感受，在突然降临的灾难面前，人的崇高与尊严被定格。《生活，还在继续》这篇报道记录了镜头下的灾区生活，传达了灾区人民面对灾难乐观、坚韧的精神。《芦山的故事》中的《芦山故事之小周》报道了免费摆渡司机的平凡故事；《芦山故事之腊肉》再现了孩子们在物资相对短缺的情况下，面对灾难、面对美味的瞬间反应。报道对灾难面前人们的生活状态、心理状态的细腻描述，给灾难增添了一抹温暖的色调，这样的新闻很有质感。

二、特约记者

(一)特约记者的概念

社外或台外等非媒体工作人员，应约给报社、通讯社或电台、电视台完成一定数量的采访任务，这类人通常被称为特约记者。这些采访任务一般来说是比较重要的、有特色的，不同于一般通讯员的采访任务。特约记者区别于特派记者的一点在于其编制不在编辑部。

(二)特约记者的发展

新闻机构聘用特约记者的目的，一是贯彻全党办报、群众办报的方针；二是弥补记者力量的不足；三是发现人才，为报道增色。邹韬奋办报刊时很重视聘请特约记者。1936 年他办《生活日报》时，就在国内外一些大城市聘请了一批特约记者。党中央在战争年代也提出报纸、通讯社要设特约记者。1941 年 7 月，在中共中央宣传部关于给各抗日根据地报纸杂志的指示中，要求一切报纸必须有自己的通信网、足够的通讯员和特约记者。1946 年 10 月 4 日，中共中央关于建立新华社特约记者给各地的通知中，要求在各中央局分局以及区党委(省委)的调查研究室中，指定适当干部(一至二人)兼任新华社特约记者或特约撰稿人，其任务是按月较有系统地并具体地反映当地群众运动、土地问题、生产建设、财政经济、政权建设、干部思想等情况和经验。

中华人民共和国成立后，从人民日报社聘请的特约记者来看，担任特约记者的主要是三类人：一是地方党委或业务部门做实际工作的人员；二是省、市报纸的负责人；三是作家。1956 年 7 月 1 日《人民日报》改版后的一段时期内，应邀担任《人民日报》

特约记者并在报上发表过通讯的作家有：方纪、徐迟、韩北屏、萧乾、黄谷柳、韶华、杨朔、田间、逯斐、王玉胡等。他们写的通讯，从不同的侧面反映了社会发展的新貌，报道了少数民族地区的变化，歌颂了各条战线的新人，文笔生动，吸引了一大批读者。粉碎“四人帮”后，人民日报社又请了一些著名作家当特约记者。

改革开放以来，一些大报也相继聘请了特约记者。解放军报社在总参、总后、海军、空军、二炮、国防科工委、军事科学院、武警总部以及各大军区都聘请了有新闻工作经验的同志任特约记者。他们经常深入基层，深入边防、海防，采写了大量报道。上海《文汇报》较早设立了特约记者工作奖和特约记者好稿奖。有的报纸还专门召开特约记者会，研讨特约记者的工作。这些举措在调动特约记者的工作积极性、指导他们更好地开展工作等方面发挥了重要作用。

从全国的情况看，特约记者的工作也曾一度出现问题，主要表现为有些新办的报刊在发展特约记者时，没有严格掌握标准，致使特约记者过多且水平良莠不齐。个别新闻单位甚至出售特约记者证牟取暴利，给了不法之徒利用特约记者身份招摇撞骗以可乘之机。针对滥发记者证的问题，当时的新闻出版署和国家新闻出版广电总局加强了对核发记者证的管理。例如，2014 年 10 月，中央网信办和国家新闻出版广电总局联合印发了《关于在新闻网站核发新闻记者证的通知》，将获得互联网新闻信息采编发布许可的网站（也称“一类资质新闻网站”）采编人员纳入记者证制度统一管理。

（三）特约记者的基本要求

一是要有独到的新闻价值取向。特约记者要同中求异、好中选优、无中找有，要用高标准评判新闻事实、要以挑剔的眼光发现新闻价值。

二是要有专业的业务素质。特约记者对与所从事的新闻采访工作相关的理论知识、专业知识、基本常识，要尽可能做到博学、深学、精学，力争成为业务的行家里手，不能说外行话、写外行文章。

三是要有深厚的文化功底。打铁还需自身硬，记者的文字写出来要让读者爱看、爱读，记者要养成长期阅读的习惯，多读书、读好书，尤其多读一些中华传统经典，并且烂熟于心，让自己的内心不断得到滋养，以便在写作时能驾驭所学的知识。

（四）案例："新华社'天宫'二号电"是这样炼成的——"新华社特约记者太空日记"系列报道回眸

2016 年 10 月，"神舟"十一号飞船发射的消息举世瞩目，各新闻媒体事先都策划了大规模的报道计划。其中新华社策划的独特性在于：请景海鹏、陈冬两位在轨航天员当特约记者。可以说，新华社完成了一件"不可能完成的任务"，开创了"天地结合"的报道形式——首开世界新闻史上记者从地球之外发回报道的先河，由两位航天员以"新华社太空特约记者"的身份在太空进行现场报道。三名 85 后年轻航天人担任地面"航天主播"，从 10 月 17 日"神舟"十一号载人飞船发射升空，新华社宣布《厉害了！景海鹏、陈冬成为"新华社太空特约记者"》，到 11 月 18 日"神舟"十一号返回舱带着两名航天员成功着陆，推出终结篇视频《史上第一堂"天地联讲科普课"开讲啦！》，在这次为期 33 天的"'天宫'二号和'神舟'十一号载人飞行任务报道"中，新华社"跟开了挂似的"（网友评语），不断推出解释性、揭秘性的微视频独家报道。

"太空日记"系列的每一篇都捕捉到了独家首发新闻，如"中国人首次太空泡茶""中国人首次太空当'菜农'""中国航天员首次接受'天地采访'"等，引发了其他媒体纷纷跟进报道，形成了连续传播效应。这一系列报道均以文、图、音、视频，网络等多种方式进行了立体式呈现，内容丰富、生动直观，从不同层面为受众提供了有效信息。据初步统计，"太空日记"共推出 9 期，网络总阅读量累计达 1.6 亿次，期均1 778万次，网民互动超过 10 万次；"天马行空 33 天"共推出 31 期，总阅读量达 1.3 亿次，期均 420 万次，网民留言超过 3 万条。海外网友"CHEN"说："收看太空人的日记，太有意思了。新华社这个创意真绝妙。"网友"@Shine"说："这是我见过最牛的特约记者。"BBC 记者罗宾·布兰特通过个人认证账号发文评论称："新华社太空特约记者的报道比 BBC 的报道领先一步。""新华社特约记者太空日记"系列报道，是新华社加快推进融合发展、创新话语体系、加强议题设置、拓展传播渠道、推出具有强大竞争力的新媒体产品的一个有力实证。

第四节　地方记者与驻外记者

一、地方记者

(一)地方记者的概念

地方记者是指媒体由上至下派出或者在各地方城市就地招聘，主要采集地方新闻的记者。大多数中央级媒体、省级媒体会在地方上建立自己的地方记者站。

(二)地方记者的发展

我国新闻媒体的地方记者经历了从无到有的发展过程。创刊于1872年的上海《申报》为了建立通信网，曾多次刊登启事，在全国许多城市招聘“访事”“访员”。这些“访事”“访员”，在一定程度上起到了地方记者的作用。后来《申报》正式派出驻外埠的记者，像邵飘萍在民国初年就担任过驻北京的记者。报社发展地方记者的另一种办法是，先发展地方通讯员，再派记者常驻某个地方。抗战前，《大公报》就在有些地方设有常驻记者，如抗战胜利后，徐盈、子冈分别担任过《大公报》驻北平办事处的主任、记者，李德润一度是《大公报》驻台湾的记者。

有的报社大量派出地方记者，建立地方记者站，形成了一套制度。共产党党报派出地方记者的历史可追溯到抗日战争时期。1942年，党中央决定中央机关报《解放日报》同时又是西北局的机关报之后，西北局发表了《关于〈解放日报〉工作问题的决定》。解放日报社为了加强采访通讯工作，在绥德、陇东、关中等分区设立了通讯处，派出了常驻记者。这些常驻记者相当于后来的地方记者，而这些通讯处就是后来地方记者站的前身。记者站是新闻单位的派出机构，新闻单位建立地方记者站，主要目的是为了加强新闻单位同地方党委、政府和群众的联系，及时反映当地的新情况、新经验、新问题，报道当地的重大新闻，开展通信工作。

党报在全国范围内普遍设立了地方记者站，配备地方记者这一举措始于20世纪50年代初期，首先是从中央、大区、省三级党委机关报开始的。1953年7月，中共中央做出关于《人民日报》在各大行政区、各省和工矿区逐步设立常驻记者站或地方特派记者的规定，并通知各中央局、分局转各省委执行。20 世纪六七十年代，中央一些报纸的记者站随着报纸停刊而不复存在。有些报纸虽然没有停刊，但记者站已名存实亡。1976 年以后，人民日报社的记者站和新华社的地方分社分家，自成建制，由人民日报社直接领导。改革开放以来，国务院各部、委、局新创办的报纸，纷纷在各省、市、自治区建立了记者站，记者一般由当地有关部门遴选配备，编制属当地有关部门。地方记者站在发展过程中一度出现了过多过滥的情况，引起了政府主管部门的高度重视。新闻主管部门重点抓了记者站的整顿工作，并与重新核发记者证同步进行。

二、驻外记者

(一)驻外记者的概念

驻外记者，指受国内新闻单位派遣，常驻国外采访的记者。

(二)驻外记者的发展

中国报纸有驻外记者的历史，大约经历了三个阶段：

第一阶段：清末，在国外延聘记者(访事、访员)。1897 年严复主编的维新派报刊《国闻报》、1904 年创刊于上海的《时报》、1872 年创刊于上海的《申报》等报均有意设“访事”“访员”。例如，《申报》实行业务改革，宣布新方针，其中第八条是：“敦请特别访员：欧西访员，誉隆望重。名公巨卿，雅愿承乏。凡诸秘要，故能详知。举例仿行，特延鸿硕，遍置当路，侦察密情。”这几家报纸表明的意向，主要是在国外延聘“访事”“访员”。尽管有的并未真正实行，但也反映出当时的报人已开始意识到国外报道的重要性。

第二阶段：民国时期，从国内派驻外记者。北京《晨报》和上海《时事新报》开派驻外记者之先河。1920 年 11 月至 12 月，北京《晨报》和上海《时事新报》连续多次刊出“共同启事”广告，宣布向美、英、法、德、俄五国派特派员。除《晨报》和《时事新报》派驻外记者外，像《大公报》这样的报纸，后来也比较注重派驻外记者。民国时期一些资产阶级报纸虽有自己的驻外记者，但人数不多，分布国家面不广。究其原因，是由于驻外记者的开支大，一般报纸派不起；人才难找也是一个原因。于是出现了一种现象：路透社、法新社、美联社、合众社、国际新闻社等外国通讯社发的国际新闻，充斥了我国报纸的版面。

第三阶段:中华人民共和国成立后,驻外记者大发展。新华社在世界上建立了一个广大的记者网,报纸刊登的相当一部分国际新闻,都由新华社供给。人民日报社、光明日报社、经济日报社、中国青年报社、北京日报社、文汇报社、中国国际广播电台、中央电视台等新闻单位,也陆续在一些国家外派了常驻记者。这些新闻单位除采用新华社的报道外,还常常采用自己的记者发的专电和通讯,展示了本媒体在国际宣传上的特色。

(三)驻外记者的素养要求

1.语言能力

语言能力是驻外记者需要具备的一项重要的基本素质。需要指出的是,语言能力过关并不是驻外记者选拔的必要条件。相比一位语言能力出色,但电视采访和制作水平低下的驻外记者,一位语言能力一般、业务精、制作能力强的驻外记者更能制作出有影响力的新闻。

2.知识结构

记者需要具备相当丰富的国际政治、经济和文化知识,尤其对当地的社会现状需要相当了解。20 世纪,在美国媒体驻莫斯科的 49 名记者中,有 18 人在任前接受了超过一年时间的培训,10 人有苏联或国际关系研究的高等学位,还有 10 多人曾进行了该领域的研究生学习。

3.应变协调能力

对今天的驻外记者而言,科技为报道提供了便利,也加剧了竞争和挑战。对于一个突发事件,“记者们根本没有时间出去报道,因为他们都被束缚在转播设备旁,真正去实地获取原始材料的是制片人和摄像师”。ABC 电视台的多恩 · 克莱德斯托普一语中的,“现场远程转播让记者束缚于科技,远离了报道。”驻外记者需要高超的应变能力、协调能力和沟通能力,以便高效、及时地处理好报道、现场协调以及前后方衔接等事宜。

4.现场表达能力

许多情况下,新闻事件的现场场景比语言更能凸显意义。在传播学理论中,场景因为具有悖论特征而足以传递那些具有权威性的信息。一般来说，受众对新闻事件现实场景的认同感比口头播报要大得多，而记者在场景中出镜，使受众有身临其境的感受，又大大增加了信息的可信性和权威性。我国主流媒体亟须改进从语言专业毕业生中选拔驻外记者的思路，建立派驻资深记者的机制体制。[①]

(四)案例：如何成为一名出色的驻外记者——中央电视台驻外资深记者报道经验分享[②]

中央电视台自1984年2月建立了第一个驻外记者站——香港记者站以来，驻外记者站的建设工作在最近几年加快、加大了步伐，有越来越多驻外记者的出色报道引起了强烈的社会反响。在重大的国际新闻报道中，中国记者的存在感逐渐提升。北美分台首席记者王冠2015年12月19日与哈佛大学学者在今日俄罗斯电视台就南海问题进行电视辩论的视频，引发了网友的积极转载和评论。2014年5月3日，《东方时空》播出了驻巴西记者刘骁骞的独家报道《走进上帝之城》，近距离呈现了巴西贫民窟里的制毒工厂等内容，报道一经播出，迅速引起网友热议。无论是热门话题，还是第一手报道，中央电视台驻外记者的表现都不再是点缀，其媒体形象愈加清晰。

目前，中央电视台海外记者站数量在全球电视媒体中位居首位，基本形成了全球化的传播格局。媒体机构的全球布控，需要大量的驻外记者完成报道任务。如何成为一名出色的驻外记者呢？有专家学者曾为中央电视台驻外记者做过相关的业务培训，通过微信与王冠、高琦、邹韵、陈丽、殷岳等驻北美、南美和非洲的记者就这一问题进行过深入探讨，并总结了以下三点建议：

一是发挥人才优势，补齐业务短板。外语能力是驻外记者业务考核的第一要素，如果语言关过不了，则做不了驻外记者。记者在驻外之前，如有过一定的新闻报道工作经验，那么，虽然人在国外，但是功底在，底气就不一样。

二是加强知识储备，锻炼应变能力。驻外记者在信息采集、新闻报道、沟通交流的过程中，除了新闻业务能力之外，知识储备同样不可或缺。曾任《纽约时报》12年驻华首席记者的哈雷特·阿班在其回忆录中这样写道："未来的驻外记者应是专家。其中的佼佼者，必须受过专门的职业训练。其所受教育，不仅要包含语言与历史，还须有地

① 李宇.增强国际传播力背景下驻外记者的素养与选拔[J].中国记者，2011，(11)：88-89.

② 宋晓阳，水亦诗.如何成为一名出色的驻外记者——中央电视台驻外资深记者报道经验分享[J].电视研究，2016(9)：7-8.

理、经济及社会学。他们须精通国际法律与礼仪，了解全球政治格局。”

三是提高表达能力，培养自身语感。驻外记者做出镜报道的机会比较多，但并不是每一位记者都能做好镜头前的报道工作。王薇薇认为，播出平台如果是新闻频道，良好的中文表达很关键。记者无论事先做了多少准备，最后都要在短时间内表达出来，这是将报道更好地呈现在大屏幕上的关键。大家不会因为做报道的是驻外记者，就降低对他的中文表达水平的要求。接受专业训练是记者提高有声语言表达能力最好的办法，向其他同行特别是向做国内新闻报道的同行学习，也是很好的途径。

第五节　新媒体时代的记者

如今，中国已步入新媒体时代，智能手机逐渐普及，资讯更新速度大幅度提升，以互联网与大数据作为背景支撑，以虚拟现实、增强现实等新媒体技术作为技术手段的全新移动终端成为全新的媒体，这种媒体本身作为一种信息，对社会发展进程产生着巨大的影响。记者这一职业正好面对新旧媒体碰撞最直接的冲击，其职能的变化、角色的转变，是媒体行业需要认真思考的。

一、职业记者角色危机

伴随着新媒体的快速发展，媒介技术的发展与进步改变了新闻从业人员的结构和职业定位，我们听到越来越多“去职业化”和“去专业化”的声音，职业记者的内涵在很大程度上发生了改变，记者这一职业也遭遇了前所未有的角色危机。

新媒体技术背景下的新型传播方式在某种程度上解构了传统的新闻原则，给职业记者的角色认知带来一系列的危机和困境。

（一）技术手段消解把关特权

传统新闻背景下的职业记者曾被冠以“无冕之王”的称呼，最能彰显记者职业权利的是其作为“把关人”的信息把关功能。“把关人”的概念由传播学者库尔特·卢因提出，他认为，在群体传播过程中存在着一些把关人，只有符合群体规范或把关人价值标准的信息内容才能够进入传播的渠道。在传统的新闻活动过程中，把关是一个多环节、有组织的过程，符合传统媒体单向传播性强的特点，新闻把关无处不在，职业记者作为信息把关人有对信息监督选择的特权。新媒体环境下，“把关人”的功能发生了变化，究其原因，首先源于技术的发展，数码技术和网络技术的发展使得信息生产趋于简单化，只要记者手中有一部智能手机，传统的采访、撰稿、发布几乎可以一气呵成。同时，技术的便捷使用也使得信息瞬间的大量复制成为可能，无论是文字、音频还是视频形式，均可以轻松实现海量复制并得以快速传播。信息传递障碍曾经是“把关人”特权的最大保证，目前，即便是较为复杂的非技术障碍诸如制度、经济等层面的因素依然存在，但新媒体发展的技术障碍已被轻松突破，在技术上可以做到实时传递、轻松发布，网络的信息传递障碍远远低于传统大众媒体。互联网传播因为技术的发展降低了信息发布的门槛，技术的发展使得职业记者“把关人”的角色定位进一步弱化，把关权进一步去中心化，传统的“把关人”特权优势受到了严重的冲击乃至消解。

（二）传受界限模糊职业身份

在新媒体技术的支持下，在人人都可以拥有传播渠道的当下，产生了诸如数码相机、智能手机、移动终端等日臻完善的技术设备，这些操作简便、携带方便、发布灵活的工具给所有人自由出入信息传播领域提供了采制新闻的基本条件。普通民众可以即时、快速地利用各种传播工具，以传者为中心的传统传播结构在新媒体范畴下显然失效了，人们既可以是传者也可以是受者，传受的界限越来越模糊，这一现象的出现在很大程度上威胁甚至瓦解了职业新闻人的专业身份。在传统的大众媒体中，传受的单向流动结构非常明显，传者和受者的地位也相对稳固，传者与受者之间存在清晰的界限，居于传者地位的职业新闻人的专业身份不容置疑。伴随着新媒体的发展，这种长期的传受单向流动的传播结构被打破了，受众可以自由地利用网站、论坛、微博、微信等方式传递新闻，受众甚至在某种程度上会影响大众媒体的议程设置，这种现象的出现严重模糊了职业记者的专业身份。

（三）公共参与令新闻伦理沦陷

新媒体打破了传统媒体占据传播话语权主导地位的局面，越来越多的公众参与到信息传播的领域，非专业机构和非专业新闻人介入的新闻业似乎正在背离传统新闻人一直信奉的新闻伦理和职业操守。技术的发展保证了信息传递的便捷，但随之也出现了公共参与的悖论——新闻伦理的沦陷。新媒体生态瓦解了媒体传统的信息把关功能，加之网络空间的匿名性，都带来了不可避免的虚假新闻泛滥、新闻视角主观、入侵个人领域，甚至网络暴力频发等乱象。

二、当好新媒体时代记者的要求

一是必须以先进的技术创新为支撑，紧盯技术前沿，瞄准发展趋势，不断以新技术、新应用创新媒体传播方式。从传播技术的角度看，媒体的发展总是与技术的创新紧密联系在一起的。新媒体诞生和发展的过程，实际上就是网络技术和信息内容相互结合与发展的过程。技术与内容互为支撑、相互融合，是一体之两翼、驱动之双轮，共同构成核心竞争力。传统媒体要生存发展，必须顺应互联网传播移动化、社交化、视频化的趋势，积极利用大数据和云计算技术推进新闻生产，利用移动互联网技术实现超越，利用微博、微信拓宽社会化传播渠道，把当今可用的技术都囊括到其视野中来，并运用到项目设计中；同时把长期积累起来的内容生产优势、传播公信力优势与新媒体的数字技术、多媒体传播、多元交互等技术优势充分结合起来，从而取得融合发展的最佳效果。

二是必须以内容建设为根本，进一步增强媒体信息内容的核心竞争力。新闻媒体是党和人民的喉舌，内容永远是根本，是决定自身生存与发展的关键所在。推动媒体融合发展，在强调技术引领和驱动的同时，要始终把内容建设摆在十分突出的位置，以内容优势赢得发展优势。要在品质上追求专业性与权威性。传统媒体在信息采集核实、分析解读等方面，有着新媒体无法比拟的优势，必须最大限度地把这个优势发挥出来，延伸和拓展到新媒体。要在传播上注重快捷精简，多生产精准短小、鲜活快捷、吸引力强的信息，在传播中抢得先机。

三是必须以机制创新为动力，加快改革步伐，建立适应融合发展的组织结构、传播体系和管理体制，为融合发展提供坚实的保障。

三、职业记者理念重塑

要构建一个良好的新媒体生态环境、重塑职业记者理念，需要做到以下两点。

（一）积极融入新媒体的技术环境

新媒体高速发展，职业记者不能忽视它的存在，要正视新闻的蓬勃发展，合理运用新媒体技术，发现普通公民提供的有价值的新闻线索并加以正确利用。信息的选择分类、深度解读和专业性的规模化制作，将成为新媒体环境下职业新闻记者最基本的技能。

（二）坚持报道的公共性取向

如何才能有效地防止新闻自由的滥用？记者作为一种社会职业，必须符合为社会公共利益服务的基本要求，职业记者必须承担起这份社会责任，注重保护言论自由，同时注意预防和禁止非法言论及网络谣言。新媒体时代，新闻更是"易碎品"，职业记者应本着对现实负责、对历史负责、对公共利益负责的态度，新闻报道要真正经得起历史考验，真正为新闻事业的发展做出贡献。

四、新媒体时代传统记者可能的转型

新媒体时代的来临，显然是传统记者转型为新媒体记者的好时机。

那么，传统记者如何转型为新媒体记者呢？可从以下几点入手：

（一）在传统媒体中转型为新媒体记者

目前，大多数传统媒体都开设了新媒体账号，但这些账号多为将传统媒体的内容转到新媒体上，较少有突发新闻的第一时间报道，完全没有发挥出新媒体的优势。在遇到较为重大或重要的新闻时，记者应该成为新媒体账号的运营者，在最接近新闻前线的地方进行采访报道，并第一时间将新闻报道发到新媒体上。在这方面，传统媒体应该向36氪、爱范儿等新媒体学习，这两家新媒体的记者经常奔波于各种科技产品发布会，并会在第一时间将消息通过微博、微信等渠道传播出去。

（二）直接供职新媒体

能在传统媒体中转为新媒体记者固然是好的，却未必行得通，毕竟传统媒体思想相对僵化，不一定能适应新形势，这时候可以考虑去新媒体机构供职。

（三）开辟自媒体

在传统媒体工作多年的记者，往往会拥有一批忠实的读者或粉丝，记者可以利用这个优势，在新媒体上开辟自媒体，持续地提供优秀的内容，适时地与读者或粉丝保持互动，随着时间的积淀，可以塑造较强的品牌力。新媒体时代已经来临，面对席卷而来的浪潮，需要思考改变的是传统媒体和传统媒体记者。“物竞天择，适者生存”，新形势下，传统媒体的记者只有积极求变，才有可能在职业生涯中立于不败之地。

▶本章小结

本章介绍了记者发展的历史，按照工作领域，形成了专门采访报道某一领域的“专业记者”。按照工作机动性的不同，记者还可以分为机动记者、特派记者、特约记者等。按照工作地域的不同，记者可以分为地方记者、驻外记者等。根据媒体的载体不同，记者可分为传统记者和新媒体记者。本章分别介绍了各类记者的概念、所需基本素养，并结合案例进行了分析。

▶关键术语

1.记者。记者有广义和狭义之分，广义的记者是指在新闻机构中工作的人，包括记者、编辑、评论员、主持人等；狭义的记者专指新闻机构中从事信息采集和新闻报道的专业人员。新闻记者按工作性质分为文字记者、摄影记者、广播记者、电视记者、网络记者；按报道内容分为政治记者、军事记者、经济记者、文教记者、科技记者、体育记者等。

2.专业记者。指专门采访报道某一行业或某一战线的记者。专业记者的最大特点是“专”，他们在自己的分工方面掌握较多的专业知识，并对该领域有一定的研究，有独到的见解。

3.机动记者。机动记者任务不固定，往往是为了完成某一项任务，直接受总编辑或者记者部派遣和调动的人。他们通常具有较高的政治水平，知识面广，新闻敏感性强。现在大多数媒体都设有一定数量的机动记者。

4.特派记者。指为报道重大新闻事件或重要新闻人物，由编辑部专门派遣的记者。特派记者一般负有较重的责任，会到一些特殊的地区、单位去采访。与一般记者相比,他们在业务水平、活动能力以及身体状况等方面都更有优势。

5.特约记者。社外或台外等非媒体工作人员应约给报社、通讯社或是电台、电视台完成一定采访任务的人通常被称为特约记者。这些采访任务不同于一般通讯员的采访任务,一般来说是比较重要的、有特色的。特约记者区别于特派记者的一点在于其编制不属于编辑部。

6.地方记者。指由媒体由上至下派出或者在各地方城市就地招聘,主要采集地方新闻的记者。大多数中央级媒体、省级媒体会在地方上建立自己的地方记者站。

7.驻外记者。指受国内新闻单位派遣,常驻国外采访的记者。

▶思考与研讨题

1.记者的定义是什么?

2.专业记者和机动记者有哪些异同?

3.特派记者和特约记者的区别是什么?

4.新媒体时代的记者有什么特点?

5.结合下面这则材料展开讨论,你认为新媒体时代的记者与传统媒体时代的记者有何不同?

一个记者的自述:新媒体时代,做个24小时在线的媒体人①

转眼又是一年记者节,对所有新闻工作者特别是纸媒记者来说,或许这都是平常而又不平凡的一年。这一年,不管是天津塘沽大爆炸还是纪念抗战70周年大阅兵,从早上的第一条热线到不知何时会来的每一次突发……我们都像以往一样,在全国奔波,走街串巷,只为了将第一手的新闻与真相传递给大家。

然而也是这一年,《生活新报》《上海壹周》等纸质报刊相继停刊,各类新媒体指数排行成了新的行业指标,所有新闻工作者都开始谈新媒体转型……确实,新媒体大潮袭来,已经直接影响了每一位新闻工作者的工作节奏与工作方法:过去,有固定的发稿节奏、有截稿时间,记者往往在采访结束后才回办公室慢慢打磨稿子,不少人习惯在截稿前一刻才交稿。而现在,人们无须再等待报纸出街就能通过手机、互联网来了解资

① 一个记者的自述:新媒体时代,做个24小时在线的媒体人[EB/OL].(2015-11-09)[2018-03-21].http://www.itbear.com.cn/html/2015-11/146102.html.

讯，对记者编辑来说也就没有了截稿时间，记者需要24小时在线，一切新闻拼速度。

正是为了适应这种追求速度的新媒体采编节奏，在过去的一年里，我渐渐习惯了用手机拍照、写稿，滚动式播报新闻现场的情况。今年天津塘沽发生大爆炸后，我和同事在爆炸当天夜里就订好了机票，一夜未眠地收集资料、准备采访材料，在次日清晨搭最早航班的飞机奔赴现场。在之后的采访过程中，我们深入爆炸区，用手机拍下小视频，第一时间将新闻发给编辑推送至网络；在医院采访伤员及伤员家属的过程中，我全程用手机打字记录所有采访过程，并在最短时间内组织好文字成稿，使得新媒体端能够在第一时间推送信息。当天，这条新闻在新媒体端的阅读量突破了百万。

…………

新媒体时代，采编形式变得多种多样，但唯快不破。要追求速度又要追求质量，就要求记者必须具备当场采写并快速回传、发布的能力。显然，电脑等笨重的装备已经不再适合如今的采编节奏。掌握用手机快速写稿的能力，随时待命、轻装上阵，才能做一个合格的、24小时在线的新媒体人！

▶延伸阅读

[1]彭兰.新媒体导论[M].北京：高等教育出版社，2016.

[2]本刊综合.机器人写新闻，记者去哪儿？[J].发明与创新·大科技，2014(8)：18-19.

[3]韩月敏.论新媒体时代的公民“记者”[D].广西师范学院，2014：15-18.

[4]第40次《中国互联网络发展状况统计报告》[R].中国互联网络信息中心，2017-08-07.

[5]马克思，恩格斯.马克思恩格斯全集(第八卷)[M].北京：人民出版社，1961.

第三章 记者的职责与修养

▶章节大纲

1.记者的职责;

2.记者的修养;

3.记者的职业道德。

▶章节内容

本章主要介绍记者的职责和修养,以及记者要遵循的职业道德。不同类型的记者有不同的任务,但是不同类型的记者又有共同的职责。这个共同的职责概括起来讲,一是采写新闻报道事实;二是反映社会问题和百姓的心声,进行舆论监督、促进社会进步;三是传播文化财富和先进文明的观念。

记者的修养重在自律勤勉,主要包括知识修养、作风修养和职业道德修养。记者是社会活动家,若是知识贫乏,对采访对象所从事的行业、专业以及基本情况全然不知,采访对象从心理上就不重视你,采访活动就会受挫,所以,记者必须具有广博的知识。而一名优秀的记者还必须具有优良的工作作风和职业道德,否则就妄论为人民服务。

第一节 记者的职责

职责,即职业责任,是从事某项社会职业所必须完成的任务和必须承担的责任。根据我国社会主义新闻事业的性质和记者在新闻机构中所处的地位,我国记者的职责主要体现在三个方面:一是采写新闻,二是反映情况,三是做群众工作。

一、采写新闻

采写新闻是记者的首要职责。这里讲的新闻是广义的新闻，记者不仅要会采访时政新闻、会议新闻，还要会采访经济新闻、文化新闻、社会新闻；不仅要会写消息、通讯，还要会写特写、调查报告、新闻评论等。各种文体的新闻报道，记者都要学会采写。①

把采写新闻报道作为记者的首要职责是因为，在三项职责中，采写新闻报道是面向广大受众传播新闻信息，关系着新闻媒体正常运转的问题。记者只有源源不断地向编辑部供给新闻，才能保证通讯社正常发稿，报纸正常出版，广播、电视正常播出，这是新闻媒体运转的一个最基本的要求。但这并不意味着反映情况和做群众工作这两项职责就不重要了，反映情况和做群众工作也是必不可少的，是记者职责的有机组成部分，而且不排除记者要在一定时间内根据需要会用较多精力去做好这两项工作的可能。记者这三项职责是相互联系、相互依存、相互作用的。② 以下是记者在履行采写新闻报道这一职责时需要注意的几个方面。

（一）采写新闻报道责任重大，记者要有高度的政治责任感

新闻报道具有传递信息、宣传政策、弘扬先进、批评监督、传播知识、教育人民等功能。实践证明，新闻报道搞好了，会起到利党、利国、利民、利社会的作用，能促进社会发展和人类进步；搞不好，出了偏差和错误，小则贻误工作，造成局部损失，大则祸国殃民，后患无穷。可见，采写新闻报道责任重大，记者要有高度的政治责任感，要对党负责、对人民负责，把对党负责和对人民负责结合起来。

（二）记者要发挥作为新闻报道主力军的作用

编辑部新闻稿件的主要来源，一是记者，二是报道组，三是通讯员。记者是专业的新闻工作者，毫无疑问，也应该是新闻报道的主力军。在采写新闻时，尤其是面对一些重大、紧迫、难度大的报道任务时，记者要责无旁贷，奋勇当先，千方百计地去完成采访任务。一个称职的记者绝不能漏掉自己活动范围内的重大新闻事实和重要情况，否

① 柳邦坤.当代新闻采访与写作教程[M].武汉：武汉大学出版社，2012：11.

② 蓝鸿文.新闻采访学.3版[M].北京：中国人民大学出版社，2010.

则，就是一种失职。另外，记者要在新闻报道中不断开拓创新，在思想作风、职业道德、采访写作等方面严格要求自己，给报道组和通讯员做好榜样。

（三）要正确处理好记者与编辑部之间的关系

有人著文认为“编辑高于记者”，并且举出种种理由论证。一般来说，这种看法在理论上是能够成立的。倘若编辑水平不高，怎么能指挥记者？怎么处理记者的稿件？从实际情况看也是如此，记者的许多稿件经过编辑的指点、修改、润色后，或者“起死回生”，或者质量大为提高，或者“锦上添花”。编辑“为他人做嫁衣裳”的功劳，记者心中是有数的，这是一方面。另一方面，编辑收到记者写的优秀稿件，也会从中受到鼓舞、启迪，甚至可能拍案叫绝，许多编辑都有这样的经历。但是，由于记者和编辑所处的地位不同，思维方式和看问题的角度不完全一致，再加上具体到个人的水平有高有低等诸多因素，在工作中也难免产生这样或那样的矛盾，而这些矛盾又往往发生在对具体稿件的处理上。

比如，稿件用与不用便是一个矛盾。稿件不用，一般有两种原因：一是记者写得不合时宜，有悖当前的宣传方针；或者写得一般化，没提出什么新问题；或者言之无物，等等。如属这种情况，记者应虚心听取编辑的意见，总结经验教训，认真修改稿件，或重新采写。二是记者的稿件写得不错，只是编辑缺乏慧眼，把稿件给“枪毙”了。如属这种情况，记者应抱着商量的态度，申述己见，以求合理解决。又如，编辑修改稿件，有时也有可能改得不当，或把事实改得走样了，或不尊重作者的风格，对稿件“大砍大杀”，这时也会出现矛盾。在这种情况下，记者也应从工作出发，抱着商量的态度，实事求是地提出自己的意见，以供编辑参考和研究。再如，有的编辑工作拖拉，积压稿件，这就要从编辑方面增强工作责任心，提高工作效率，加速处理稿件的进程。总之，编辑与记者之间要营造一种相互尊重、相互通气、相互学习、相互帮助的氛围。①

二、反映情况

广义而言，公开的新闻报道也是反映情况的一种形式。但这里说的反映情况，是指以写内参的形式，反映那些不宜公开发表，但对编辑部和党政领导机关有重要参考价值的情况。内参的内容，一般是党的方针、政策贯彻执行中的情况，社会生活和各条

---

① 蓝鸿文.新闻采访学：第3版[M].北京：中国人民大学出版社，2010.

战线工作中的问题，各阶层群众中的思想动向，某些不成熟的新做法、新经验以及其他不宜公开的动态、反映等。

从某种意义上说，内参起的作用不亚于公开的新闻报道，并且是公开的新闻报道不可代替的。最有力的证明就是党中央领导同志看了内参后，对反映的许多重要情况会亲自批示，这对促进问题的解决、推动实际工作有着极其重要的作用。有些内参经领导机关批示后，还可以转为公开报道，走的是先内参后公开报道的路子。

从中央到地方，许多新闻媒体均办起了类似新华社的《内部参考》，有的叫《内参清样》、有的叫《情况汇编》、有的叫《情况反映》，等等，名称虽不同，但目的相同：向党中央或地方党委及有关政府部门如实反映情况。

引起中央领导同志重视的内参的例子很多。据新华社社长郭超人 1998 年写的《建设世界性通讯社必须遵循的根本原则》一文提供的材料，此前五年间，仅中央领导同志批示的新华社有关国内工作的参考稿件就有1,600多件。由此我们不难看出记者反映的重要情况是怎样帮助了党的工作的，又是怎样受到了党中央领导同志的重视和赞扬的。这对记者来说，既是鼓舞，又是鞭策，鼓舞、鞭策着记者当好党的耳目，把反映情况的工作做得更好。①

作为一名专业的记者，怎样做好反映情况的工作呢？

根据多年来的实践经验，记者职业素养中最重要的一条是：记者要有很强的党性，要敢于坚持真理、坚持原则，像采写公开新闻报道那样，对党负责、对人民负责。在具体操作上，还应注意及时、如实、全面地反映情况；对于一些试验性做法、新的看法，慎重起见，可先写成内参，供领导机关参考；要善于用发展的眼光看待被反映对象的变化；要警惕别有用心的人利用记者反映情况。

三、做群众工作

这里说的群众工作，不是指一般工作部门的群众工作，而是指新闻单位的群众工作。但记者的群众工作又与编辑部专门负责群众工作的“群工部”或“通联部”的工作不同，记者的群众工作主要面向全体通讯员和报道组，要处理读者来信、接待群众来访等。记者做群众工作，一般只限于结合自己的采访活动，或者在自己分工采访的地区、部门，重点做好通讯员（或报道组、作者积极分子）的工作。当今，记者的工作职责还包

---

① 蓝鸿文.新闻采访学：第 3 版[M].北京：中国人民大学出版社，2010.

括带好实习生。①

世界上从来没有一种新闻事业像无产阶级新闻事业那样重视群众工作，也从来没有一种记者像无产阶级的记者那样卖力地去做群众工作。这是由无产阶级新闻事业的性质决定的。无产阶级新闻事业代表了广大人民群众的根本利益，既要为广大人民群众服务，又要依靠广大人民群众来办。列宁的名言是：要把机关报办得生动活泼、生气勃勃，有5个负责领导和经常写作的著作家，就需要有500个、5,000个非著作家撰稿人。要走专业新闻工作者同业余新闻工作者相结合的路线。

按照马列主义的新闻原理，我们党的新闻事业历来注意发动群众、依靠群众，把做群众工作视为办好新闻事业的基础，并且积累了丰富的经验。毛泽东把它概括为：我们的报纸也要靠大家来办，靠全体人民群众来办，靠全党来办，而不能只靠少数人关起门来办。这就是通常被称为“全党办报，群众办报”的方针。贯彻这个方针，是编辑部全体人员的责任，记者作为编辑部的外勤工作人员，更是责无旁贷。②

记者做群众工作，最主要的是做好联系、培养通讯员的工作。记者不可能承担新闻报道的全部采写工作，必须依靠广大通讯员和实习生的支持与合作。记者要同基层通讯员建立经常的、广泛的联系，向他们传达编辑部的意图、报道思想、报道计划，组织、指导他们采写，或者同他们合作采写，帮助他们提高业务水准。同时，记者也要注意倾听通讯员的意见，学习他们的长处，取长补短，共同完成新闻采访工作。

记者在与通讯员、实习生合作的过程中，要注意尊重他们的劳动成果，不能以自己在媒体的特权随意侵犯他们的知识产权，在作品署名和稿酬享受上要实事求是，合理地处理好各种利益关系。

做群众工作，还要求记者在采访中关心群众的“痛痒”，在可能的条件下帮助他们（包括采访对象）解决一些实际问题和思想问题。记者平时还要注意做好群众来访的接待工作，认真听取群众的反映，然后根据具体情况做出妥善处理。

做群众工作对一些国家级、省级媒体驻地方记者站的记者来说尤为重要，因为他们就工作、生活在基层，与群众的距离很近。“贴近群众、贴近生活、贴近实际”的“三贴近”原则就鲜明地反映出新闻媒体与群众保持密切接触的重要性和必要性。

---

① 柳邦坤.当代新闻采访与写作教程[M].武汉：武汉大学出版社，2012：11.

② 蓝鸿文.新闻采访学：第3版[M].北京：中国人民大学出版社，2010.

第二节 记者的修养

记者在履行其职责时，不能仅仅以完成任务为标准，更重要的是要有所作为。这里讲的有所作为，是指要以一流的水平完成工作，为国家、民族、社会多作贡献。要达到这个目的，从根本上说，记者要具备一定的修养。《辞海》对“修养”一词的解释是：“在政治、思想、道德品质和知识技能等方面经过长期锻炼和培养而达到的一定水平。”关于记者的修养，是在抗日战争时期最先以文字的形式被明确提出并加以强调的。当时，反对日本帝国主义侵略斗争给宣传工作提出了新的任务和要求，记者的修养问题变得突出起来。党非常关心记者的修养，既关心党报记者的修养，也关心所有爱国、有民族自尊心、要抗日的记者的修养。1938 年 9 月 1 日，汉口《新华日报》发表了题为《纪念九一记者节》的社论。这篇社论写道：“目前我们能听到许多记者讲起他们修养和学习不足，特别是战地记者，常因对于军事政治的修养不够，不能很好地报道战争发展的情势，所以我们希望全国的新闻记者能‘在学习中工作，在工作中学习’，使其更能适应当前的需要。”一年后的 9 月 1 日，重庆《新华日报》又在题为《纪念记者节》的社论中指出：“新闻记者必须有健全的政治立场，深刻的理论和技术修养……这样的干部，正是中国新闻界迫切需要的。”

此后，延安《解放日报》的有关社论、党中央有关新闻界和宣传工作的决定，以及党中央负责同志的有关文章和讲话，都不止一次地强调过记者要加强修养。20 世纪 50 年代，党更明确提出包括新闻工作者在内的知识分子要又红又专。邓小平也多次阐释过毛主席提倡知识分子要又红又专以及红与专的统一思想：红是政治标准，专是业务要求。1996 年 1 月 2 日，江泽民在视察解放军报社时强调，要培养出一支政治强、业务精、纪律严、作风正的新闻队伍。要适应新时期新闻工作的需要，高标准地搞好新闻队伍建设，要不断提高自身素质。[①]

从新闻工作的特性和要求出发，可以将记者最基本的修养概括为四个方面：政治理论修养、知识技能修养、专业知识修养、职业道德修养。本节将就前三个修养做进一步的论述，职业道德修养将在下节专门讨论。

---

① 蓝鸿文.新闻采访学：第 3 版[M].北京：中国人民大学出版社.

一、政治理论修养

记者的政治理论修养指记者所持有的政治立场、政治观点和政治思想，它与记者所属的阶级属性保持一致。对我国记者而言，良好的政治修养包括与党中央保持一致、全心全意为人民服务的基本立场，敏锐的政治鉴别力和政治敏感，高度的政治远见等。随着时代的发展和社会的变迁，政治的内涵本身也在发生着变化，因此，对新闻记者的政治修养也提出了不同的时代要求。仅仅保证政治立场上不犯错已经不能适应国家发展的需要，新闻记者既要更好地发挥喉舌的作用，更要对我国社会转型发展过程中的阶段性特征有充分的把握，明确大众媒体和从业者的历史责任。①

记者应该着重从哪些方面来提高政治素质、加强政治理论修养呢？

首先，记者在新闻宣传中要坚持正确的政治观点。正确的政治观点，是指马列主义、毛泽东思想的观点，中国特色社会主义理论的观点，与党的路线、方针、政策保持一致的观点。记者坚持正确的政治观点，要体现在各种具体问题上。在处理政治与经济、政治与文化、政治与军事等各种关系时，既要反对脱离政治的倾向，又要防止空喊政治口号、用政治代替一切的倾向。

其次，记者要自觉地遵守党的政治纪律，自觉地按照党的新闻宣传纪律办事，不得公开宣传和发表同党中央决定相反的言论和意见。在错综复杂的任务中，记者要善于保持清醒的头脑，要有较强的政治鉴别力和政治敏锐性。

最后，记者要不断地加强政治理论学习，用马克思主义的立场、观点和方法解决好新闻报道中的问题，在改造客观世界的同时，也要改造自己的主观世界。②

二、知识技能修养

早在几年前，国外就有人认为我们所处的时代已到了知识爆炸的时代，每 5 年左右，旧的知识大约要更新 20%。这种说法的科学性暂且不论，但随着现代科学的发展，知识更新周期和知识递增的速度无疑超过了以往任何时候。而在这种发展过程中，每一种新的知识出现后，新闻报道往往率先起着传播作用。毫无疑问，记者的知识修养也比以往任何时候都显得更重要。

---

① 贾碧峰：全球传播语境下新闻记者政治修养的重要性[J].新闻知识，2015(4).

② 宋春阳，孟德东，张志攀.实用新闻写作概论[M].上海：复旦大学出版社，2004：12.

美国著名记者哈里森·索尔兹伯里曾说过：对一名记者来说，学无止境特别重要，知道的事情越多越好。我国著名报人邓拓先生也曾说：报纸是古今中外、天文地理无所不包的。因此，新闻工作者一定要有广博的知识，知识的范围越广越好。

具体而言，记者应具备的知识、技能修养主要有以下作用。

第一，能提高采访活动的效率。记者是社会活动家，社会接触面极为广泛，若是具有较好的知识修养，就便于同社会各阶层人士接触、交谈，有利于采访活动效率的提高。若是知识贫乏，对采访对象所从事的行业、专业的“ABC”知识及基本情况全然不知，那么，对方在心理上就会轻视记者，就会削弱与记者接触、交谈的兴趣和热情，采访活动的效率就会降低。

第二，能满足受众的求知心理。与以往相比，媒体不再具有一统江山的“权威地位”，受众也不再是绝对盲从的信息接收者。如今的受众看报纸、听广播、看电视的目的已不只是为了满足自己获得新闻讯息的需求，也是为了满足自己的求知欲。

第三，能提高记者的采访写作等综合能力。实践证明，一定的知识修养，是记者采访写作综合能力提高的基础和重要因素，记者在采访过程中要具备对新闻事实的感知力、判断力，以及写作时引经据典的敏捷性等，这些都离不开良好的知识修养。[①]

第四，能适应新媒体时代的要求。新媒体可被定义为“利用数字技术和网络技术，具备广泛传播、互动化趋势的媒介总和”。新媒体的深入发展，离不开对新媒体人才的培育，对记者的专业素养要求也变得更为全面化和体系化。

这里讲的知识修养主要指文学、史学、哲学、经济学、语言学、心理学、社会学、法学等方面的修养。记者的工作离不开文字，采访写作离不开调查研究的基本理论方法，故文学、语言学、哲学等知识无疑是重要的；记者成天与人打交道，不懂点心理学、社会学等专业的相关知识，就难以开展有效的活动；记者在进行经济报道时，不熟悉经济理论不行；史学则能使记者具有远见卓识，增强预见力和判断力；此外，记者对天文、地理、物理、化学、生物、医学等方面的知识，也应有一定程度的了解。记者对自己负责报道的行业的专业知识，应力求达到准专家水平。同时，记者还要提高自己的各种技能水平，包括熟悉方言的水平，掌握外语的水平，掌握电脑操作技能，熟练运用现代通信工具、交通工具的技能以及辨向、测时技能。掌握这些知识和技能，是记者开展新闻采访活动，完成新闻报道任务，高效率、高质量地履行其职责的重要条件，也是其整体素

---

① 刘海贵.新闻采访教程：第2版[M].上海：复旦大学出版社，2011：10.

质的体现。[①]

三、专业知识修养

记者的专业知识修养指新闻学专业的基础业务知识修养，其中主要包括中国新闻理论基本体系、中外新闻事业史，以及采访、写作、编辑、评论、摄影、广告、公共关系、媒介管理、网络传播等业务知识。[②]

新闻工作的任务和特性，决定了编采人员在新闻传播中处于特殊地位，从明确报纸的创办宗旨到制定采编方针、设计报纸方案，从报道的策划、组织与调控到新闻素材的润色加工，从版面设计，到最终成品的形成，采编人员处在办报的中心环节，贯穿报纸生产的始末。采编人员的水平如何，影响着报纸的质量和传播的效果。[③]

记者应认真研究并学习新闻采访和新闻写作领域的知识，练好基本功。记者要在新闻写作上做到一专多能，多掌握一种体裁，就多一分用武之地。要求记者样样精通不大现实，但一名记者想要精通几种新闻写作的体裁，其他体裁也懂一些，是完全可以做到的。同时，记者在新闻写作上也要刻苦学习以下三个基本功：第一，要讲究语法、逻辑、修辞，这是各类文体的稿件在写作时必须注意的。新闻写作中不符合语法、不合乎逻辑、不讲究修辞的情况并不罕见，不光语言学家经常著文评点这方面的问题，受众也对此提出过许多意见。语法、逻辑、修辞是作文的基本功，记者天天都在创作，理应练好这方面的基本功。第二，要掌握新闻写作的规律。以消息写作为例，我们现在讲的导语、背景、主体等写法，以及必须坚持新闻的真实性、时效性等原则，都是总结了前人的经验，在比较了各种文体写作的特点和要求之后概括出来的，带有规律性，不能违背。当然，任何文体都不是一成不变的，现代新闻写作也是从过去的新闻的写法演变而成的。第三，要重视语言。新闻是语言的艺术，新闻语言应该符合规范，要保证语言纯洁、健康、优美。根据新闻的特点，还要求新闻语言做到准确、精练、生动、通俗。[④]

---

① 宋春阳，孟德东，张志攀.实用新闻写作概论[M].上海：复旦大学出版社，2004：12.

② 刘海贵.新闻采访教程：第2版[M].上海：复旦大学出版社，2011：10.

③ 张晓红.大报智慧：《环球时报》研究[M].北京：中国传媒大学出版社，2011：3.

④ 宋春阳，孟德东，张志攀.实用新闻写作概论[M].上海：复旦大学出版社，2004：12.

第三节 记者的职业道德

什么叫道德？道德通常是指人们的行为准则和行为规范的总和，可以用来调整人与人之间、人与社会之间的关系。还有一种解释是："从质的规定性来看，所谓道德，就是人类现实生活中，由经济关系所决定，用善恶标准去评价，依靠社会舆论、内心信念和传统习惯来维持的一种社会现象。"[①]马克思主义认为，道德属于意识形态范畴，是由经济基础决定的，是随着经济基础的发展而发展的；反过来，它对经济基础又有极大的反作用。

新闻职业道德，是一定的社会道德原则和道德规范通过新闻职业特点的体现，即记者在采写和传播新闻过程中，在与人、与社会相处时应遵守的行为规范。

对记者来说，自觉遵守职业道德要求，既可以培养良好的道德情操，促进优秀记者的成长，又可以防止自己犯错误，这当然是以抵御一些外界诱惑和个人内心的欲望为代价的。外部世界的诱惑对记者来说已构成越来越严峻的考验，因此，制定更为严格细致的职业道德规范是十分必要的。新修订的《中国新闻工作者职业道德准则》大纲要求如下：

第一条 全心全意为人民服务。要忠于党、忠于祖国、忠于人民，把体现党的主张与反映人民心声统一起来，把坚持正确导向与通达社情民意统一起来，把坚持正面宣传为主与加强和改进舆论监督统一起来，发挥党和政府联系人民群众的桥梁纽带作用。

第二条 坚持正确的舆论导向。要坚持团结稳定鼓劲、正面宣传为主，唱响主旋律，不断巩固和壮大积极、健康、向上的舆论。

第三条 坚持新闻真实性原则。要把真实作为新闻的生命，坚持深入调查研究，报道要做到真实、准确、全面、客观。

第四条 发扬优良作风。要树立正确的人生观、世界观、价值观，加强品德修养，提高综合素质，抵制不良风气，接受社会监督。

第五条 坚持改革创新。要遵循新闻传播规律，提高舆论引导能力，创新观念、创

---

① 宋春阳，孟德东，张志攀.实用新闻写作概论[M].上海：复旦大学出版社，2004：12.

新内容、创新形式、创新方法、创新手段，做到体现时代性、把握规律性、富于创造性。

第六条　遵纪守法。要增强法制观念，遵守宪法和法律法规，遵守党的新闻工作纪律，维护国家利益和安全，保守国家秘密。

第七条　促进国际新闻同行的交流与合作。要努力培养世界眼光和国际视野，积极搭建中国与世界交流沟通的桥梁。①

在新闻宣传战线上工作的全体人员，都必须具有高尚的共产主义理想、志气、道德和情操。加强新闻从业人员的新闻职业道德修养，在当前具有特别重要的意义。它包括的具体范围和基本内容有：

(1)坚持真理，忠于事实。不屈服于任何邪恶势力，不当“风派”记者，不弄虚作假，坚持新闻的真实性，在任何情况下，都应以党和人民的根本利益为重，全心全意为人民服务。

(2)谦虚谨慎，虚心求教。在采访中，应当摆正自己与采访对象的关系，不好为人师，不高人一等，以诚相待，虚心求教，虚心向人民群众学习。

(3)深入实际，体察民情。应当关心广大基层群众的疾苦，及时反映他们的呼声与要求，不能麻木不仁、不闻不问。要主动积极地向党和政府如实反映重大情况，当好党和人民的喉舌。

(4)互敬互学，积极竞争。媒体之间、记者之间的根本利益和奋斗目标是一致的，应当不断增进友谊，共同进取。即使要展开竞争，也应凭借正常的业务手段去健康、积极地进行，不搞不利于新闻传播和相互团结的行为与活动，绝不允许资产阶级记者那种不择手段、互挖墙脚的恶劣行径出现在我们的记者队伍中。

(5)摆正位置，不谋私利。每一个记者都应当摆正个人与集体的位置，妥善处理好公与私的矛盾，绝不允许用党和人民给予的某种权力去牟取私利。坚持清正廉洁的作风，自觉抵制拜金主义、享乐主义、个人主义的侵蚀，坚决反对搞有偿新闻。

(6)遵守纪律，保守秘密。记者由于工作需要，接触领导机关多、参加会议多、阅读文件多，能较早或较多地知晓党和国家的秘密。这就在保密问题上对记者提出了更高的要求。保守党和国家的秘密，是执行党的纪律和国家的保密制度的问题，同时也是记者的职业道德问题。②

---

① 贾广惠.新编新闻采访学教程[M].武汉：武汉大学出版社，2010：8.

② 宋春阳，孟德东，张志攀.实用新闻写作概论[M].上海：复旦大学出版社，2004：12.

(7)甘为人梯,严禁剽窃。指导通讯员采访,帮助他们修改稿件,是每一个记者、编辑职责范围内的事。但常有一些通讯员反映:好端端的一篇稿件交编辑部后,或经记者、编辑稍加改动,或一字未改,登出来了,但自己的名字不见了,换成了"本报记者某某某",自己的劳动成果就这么莫名其妙地被他人占有了。

"记者是社会的良心"。重视新闻职业道德修养,是我国新闻事业的传统。大凡在事业上有成就的记者,都十分注重这方面的修养。当代著名记者柏生曾经在《做新闻记者的几个原则》一文中指出:"做新闻记者的第一个原则,是要修养人格。""这是因为,新闻记者负有批评社会、指导社会的重大责任。如果自己人格有缺点,怎么能够批评他人、指导他人呢?"范长江在《怎样学做新闻记者》一文中也指出:"新闻记者要能坚持真理,本着富贵不能淫,贫贱不能移,威武不能屈的精神,实在非常重要。"全国优秀新闻工作者、新疆电视台记者孙伯华说得则颇为幽默:"吸油水的笔是流不出墨水来的。"①

▶本章小结

本章主要介绍了新闻记者的职责、修养和新闻记者的职业道德。新的历史时期,经济社会的飞速发展对新闻媒体提出了更新、更高的要求,新闻记者的素养与责任受到了广泛关注。新闻记者作为新闻事业的中坚力量,是完成大众传播、服务社会群众的"生力军"。新闻记者只有不断提高素质修养,切实扛起应负的责任,才能将自己打造成称职的新闻媒体"工程师"、新闻传播的"先锋队"。

▶关键术语

1.新闻记者的修养。包括新闻工作者自身的作风、知识、技能、职业道德、情感等方面的修养。

2.新闻职业道德。指记者在采写、传播新闻的过程中与人、与社会相处时应遵守的行为规范。

3.记者知识修养的重要性。记者具有较好的知识修养,能提高采访活动的效率、满足受众的求知心理、加强采访和写作的综合能力。

4.新闻专业知识修养。指新闻学专业基础的业务知识修养,主要包括中国新闻理

① 刘海贵.新闻采访教程:第2版[M].上海:复旦大学出版社,2011:10.

论基本体系、中外新闻事业史及采访、写作、编辑、评论、摄影、广告、公共关系、媒介管理、网络传播等业务知识。

▶思考与研讨题

1.提高记者的修养有何现实意义？

2.新闻记者的思想作风修养与工作作风修养的主要内容是什么？

3.新闻职业道德的具体范围和内容是什么？

4.新闻记者的职责主要包括哪些方面？

第四章　采访前准备(一)

▶章节大纲

1.培养新闻敏感；

2.熟知新闻价值；

3.严守新闻政策；

4.明确报道思想。

▶章节内容

本章分四节介绍了新闻敏感、新闻价值、新闻政策、报道思想的相关知识，对于新闻价值的内涵和意义以及新闻价值的五要素进行了细致的探讨，并强调了重点理解严守新闻政策、明确报道思想，是做好新闻报道工作的关键。

第一节　培养新闻敏感

新闻敏感是记者、编辑发现和判断具有新闻价值的事实的能力，是新闻工作者对新闻人物、新闻事件、新闻事实所蕴含的新闻价值的敏锐感知能力。新闻敏感是新闻工作者必备的能力，是一种职业敏感，也可以称为记者的“第六感官”，在西方又被称作“新闻鼻”“新闻眼”。记者每日每时都会接触到不同的事件、现象或人物，这些客观存在的事实无时无刻不在发生变化，而这些变化刺激着记者的神经，其中有没有新闻，需要记者迅速做出判断。

一、新闻敏感的定义

《新闻学大辞典》对新闻敏感的解释是：新闻敏感是新闻工作者迅速、准确地判断有价值的新闻事实的能力，西方新闻界通常称新闻敏感为新闻嗅觉，新闻工作者能不能在纷纭繁杂、浩如烟海的新闻事实中，及时发现并敏锐地分辨有价值的新闻事实，取决于其是否有新闻敏感。美国新闻学家卡斯珀·约斯特在《新闻学原理》一书中的一段话，形象地阐述了新闻敏感对于记者的重要性。他说："一个不善于辨别色彩的人，不能成为一个画家；一个不懂得和谐的人，不能成为一个音乐家；一个没有'新闻敏感'的人，也不能成为一个新闻记者。"从传播价值的角度定义，新闻敏感即记者对稀缺信息资源的把握能力。

二、新闻敏感的主要内容

综合新闻界对新闻敏感的认识，新闻敏感通常包括以下几种判断能力：

(一)迅速判断某个新闻事实的政治意义和传播价值的能力

新闻事实的政治意义和传播价值，是指它对实际的导向作用和对受众的启迪、教育作用。新闻的思想性、导向性，包括了对工作的指导、对思想的疏导和对生活的引导。我国的新闻记者在选择新闻时首先要从政治的角度考虑问题，看它是否切合国家和民族的利益，能否维护发展大局，能否促进形成富强、民主、文明、和谐、自由、平等、公正、法治、爱国、敬业、诚信、友善的社会主义核心价值观。新闻工作政治性强、政策性强、时效性强，所以新闻敏感首先表现为政治敏感，或者说，首先取决于政治敏感。但政治敏感又不能等同和取代新闻敏感，必须把政治和新闻结合起来。

(二)迅速判断某一事物是否具有新意，是否具有生命力的能力

新闻姓"新"不姓"旧"，新字当头，记者要站在时代的前列，及时抓取时代尖端的东西，抓住在实际工作和生活中刚刚出现的新事件、新情况和新问题。当今社会处于剧烈的变动之中，变化是新闻之母，社会的变化给新闻记者提供了丰富多彩的报道题材，就看记者能否及时获取和表达。

(三)迅速判断某个事实能否引起受众兴趣的能力

记者采访的新闻最终是向公众传播的,受众对所传播的新闻是否感兴趣,就成为判断新闻价值的一个重要标志。“兴趣”,即受众的共同兴趣,主要指广大受众关心与注意的焦点。受众感兴趣的报道有以下内容:内容新鲜的经济、社会动向、重要的突发事件、社会热点、热门话题、实际工作中的难点、焦点问题;为受众释疑、解难的题材,体现群众意见、愿望、要求和呼声的内容,有情节起伏、矛盾冲突,有争议的内容;有人情味的内容,有知识性、趣味性的内容等。

(四)迅速地从同一事件的众多事实中判断、鉴别出最有价值的新闻事实的能力

在采访时,记者要用新闻的眼光审视客观事物,着眼于抓住和突出事物的新闻价值,要凭借自己的新闻敏感,对事实材料的轻重、主次、好坏、新旧进行鉴别,抓住重要的新闻事实、抓住信息量大的事实、抓住与大众密切相关的事实,而不是不加取舍、主次不分、轻重不辨。

例如,有一位明星演员到某城市演出,《纽约时报》的年轻记者迪姆士·泰勒受报社指派,晚上到剧院采访这位大明星,谁知演出突然被取消了,这位记者便心安理得地回家睡大觉去了。半夜,泰勒被电话铃声惊醒,是编辑打来的,编辑气冲冲地告诉他,其他报纸的头版头条新闻是这位演员自杀的消息。编辑说:“像这样一个名演员的首场演出被取消,本身就是新闻,它的背后可能有更大的新闻。记住,以后你的‘鼻子’不要再因感冒而堵塞了!”

(五)在充分调查分析的基础上,对事件的发展有科学预见的能力

这是指记者在分析新闻事实的本质和发展趋势时所表现出的一种素质,是一种见微知著的能力。事物的发展总有一个从量变到质变的渐进过程,新闻敏感性强的记者,往往能在对事物进行充分调查分析的基础上,在大脑中建立起因果联系和事物发展过程的环链模型,并凭借自己以往的实践经验,推测出事物发展的下一环,直到推测出结局,从而有把握地对事物做出科学的预见。

例如,第二次世界大战刚结束,某记者团到日本和德国采访,呈现在记者们眼前的是遍地废墟,满目疮痍,但是有两个记者却写出了不一般的新闻。一位记者在日本看

见几位可怜兮兮的儿童蜷缩在废墟的石桌边晨读，他认为由此可见日本的希望，便拍下了这个珍贵的画面。一位记者在第二次世界大战后德国的断壁残垣里发现一个罐头盒中插着一束鲜花，于是他便采写了一篇名为《废墟上的鲜花》的报道，预见这个国家会像花一样再度绽放美丽。这两篇报道引起了国际报界的高度重视。如今，正如两位记者预见的，日本和德国经过长期的艰苦重建，均已发展为世界发达国家。

(六)判断在已发表的新闻中，发现哪些可能发展为更重要新闻的能力

这种判断是一种在旧的圈子、旧的事物、旧的题材中发现新的内涵、新的变化和新的思想的能力。“没有旧了的题材，只有旧了的角度，”这是许多记者常说的话。

纳粹德国设在波兰的大屠场奥斯威辛集中营早已成为历史陈迹，这是有的只是每天不断来自世界各地的旅游者。《奥斯威辛没有什么新闻可写》正是在这个很难“出新”的“旧址”上出现的一篇一流的新闻，该新闻以超常的传播技巧夺得了美国新闻大奖，作者为《纽约时报》记者亚伯拉罕·迈克尔·罗森塔尔。美国普利策奖主席、新闻学教授霍恩伯格说，这是屡次夺得国际报道大奖的罗森塔尔“写得最好的作品”。该文被登载于 1958 年 8 月 31 日的《纽约时报》，文章的发表时间距奥斯威辛集中营解放已经过去了 13 年。文章原文如下：

从某种意义上说，在布热伊尼察，最可怕的事情是这里居然阳光明媚温暖，一行行白杨树婆娑起舞，在大门附近的草地上，还有儿童在追逐游戏。

这真像一场噩梦，一切都可怕地颠倒了。在布热伊尼察，本来不该有阳光照耀，不该有光亮，不该有碧绿的草地，不该有孩子们的嬉笑。布热伊尼察应当是个永远没有阳光、百花永远凋谢的地方，因为这里曾经是人间地狱。

每天都有人从世界各地来到布热伊尼察——这里也许是世间最可怕的旅游中心。来的人目的各不相同——有人为了亲眼看看事情是不是像说的那样可怕，有人为了使自己不忘记过去，也有人想通过访问死难者受折磨的场所向他们致敬。

布热伊尼察在波兰南方城市奥斯威辛城外几英里的地方——世人对奥斯威辛这个地名更熟悉。奥斯威辛大约有12,000名居民，距华沙 120 英里，地处被称为摩拉维安门的山口的东头，周围是一片沼泽地。布热伊尼察和奥斯威辛一道组成了被纳粹称为奥斯威辛集中营的杀人工厂的一部分。

14 年前，最后一批囚徒被剥光衣服，在军犬和武装士兵的押送下走进毒气室。从那时起，奥斯威辛的惨状被人们讲过了很多次。一些幸存者撰写的回忆录中谈到的情况，是任何心智健全的人所无法想象的。奥斯威辛集中营司令官罗道夫·弗兰斯·费尔南德·霍斯在被处决前也写了回忆录，详细介绍了这里进行的集体屠杀和用人体作的各种试验。波兰人说，共有 400 万人死在那里。

今天，在奥斯威辛，并没有可供报道的新闻。记者只有一种非写不可的使命感，这种使命感来源于一种不安的心情：在访问这里之后，如果不说些什么或写些什么就离开，那就对不起在这里遇难的人们。

现在，布热伊尼察和奥斯威辛都是很安静的地方，人们再也听不到受难者的喊叫了。参观者默默地迈着步子，先是很快地望上一眼；接着，当他们在想象中把人同牢房、毒气室、地下室和鞭刑柱联系起来的时候，他们的步履不由得慢了下来。导游也无须多说，他们只稍稍用手指一指就够了。

每一个参观者都感到有一个地方对他说来特别恐怖，使他终生难忘。对有的人来说，这个地方是经过复原的奥斯威辛毒气室，人们对他们说，这是"小的"，还有一个更大的。对另外一些人来说，这样一个事实使他们终生难忘：在德国人撤退时炸毁的布热伊尼察毒气室和焚尸炉废墟上，雏菊花在怒放。

还有一些参观者注视着毒气室和焚尸炉，开头，他们表情茫然，因为他们不晓得这是干什么使的。然而，一看到玻璃窗内成堆的头发和婴儿的鞋子，一看到用以关押被判处绞刑的死囚的牢房时，他们就不由自主地停下脚步，浑身发抖。

一个参观者惊惧万分，张大了嘴巴，他想叫，但是叫不出来——原来，在女牢房，他看到了一些盒子。这些三层的长条盒子，1.8 米宽，0.9 米高，在这样大的一块地方，每夜要塞进去 5 到 10 人睡觉。解说员快步从这里走开，因为这里没有什么值得看的。

参观者来到一座灰砖建造的建筑物前，这是在妇女身上搞不育试验的地方。解说员试着推了一下门——门是锁着的。参观者庆幸他没有打开门进去，否则他会羞红了脸的。

现在参观者来到一条长廊里。从长廊两边的墙上，成排的人在注视着参观者。这是数以千计的照片，是囚徒们的照片。他们都死了——这些面对着照相机镜头的男人和妇女，都知道死亡在等待着他们。

他们表情木然。但是，在一排照片的中间，有一张特别引人注目，发人深思。这是一个二十多岁的姑娘，长得丰满、可爱，皮肤细白，金发碧眼。她在温和地微笑着，似乎是为着一个美好而又隐秘的梦想而微笑。当时，她在想什么呢？现在她在这堵奥斯威辛集中营遇难者纪念墙上，又在想什么呢？

参观者被带到执行绞刑的地下室去看一眼，这时，他们感到自己也窒息了。另一位参观者进来了，她跪了下来，在自己胸前画十字。在奥斯威辛，没有可以做祷告的地方。

参观者们用恳求的目光彼此看了一眼，然后对解说员说："够了。"

在奥斯威辛，没有新东西可供报道。这里天气晴朗，绿树成荫，门前还有儿童在打闹、嬉戏。

三、新闻敏感的培养

新闻敏感实际上是一种认知过程，是记者对社会与人的认知过程。从辩证唯物主义的角度出发，新闻敏感必须在长期的实践锻炼中通过经验的积累、新闻嗅觉的强化等来培养。

(一)要对客观事物保持新鲜感，具有强烈的探究欲

新鲜感是人对客观事物的一种主观态度，这种态度对发现新闻也极为重要。新闻的一个突出特点是新鲜，是以往没有出现或没有报道的内容。从客观事物中发现新闻，就是要发现其中具有新鲜特性的内容。然而，面对大千世界中客观存在的事物，许多我们已司空见惯，即使遇到一些新事物，我们有时也感觉似曾相识。要从司空见惯、似曾相识的事实和现象中发现具有新鲜特性的新闻，就要求记者凡事保持新鲜感。即使遇到过去遇到过的事物，也要以第一次遇到的心态去认识，以强烈的探究欲弄清事实背后的真实内涵，这样就会发现一些未曾被发现的新东西。对于新闻记者来说，必须对任何事物都保持新鲜感，对什么事都要抱有极大的兴趣去关注、探究。敏感是对一件事长期高度的关注而产生的顿悟，记者只有对客观事物保持极大的关注热情，才可能产生这种敏感，才有可能发现更多新闻。

(二)要全面熟悉采访对象,具有内行的眼光

记者对事物的新鲜感建立在对采访对象熟悉的基础上。记者只有熟悉情况,成为内行,其建立在理性之上的新鲜感才可能成为发现新闻的良好品质。没有对情况的熟悉作为前提,只能算作外行的新鲜、盲目的新鲜。可以说,熟悉情况是发现新闻的前提和基础,这种熟悉包括以下两个方面的含义。

一是熟悉相关情况已报道到什么程度。发现常常表现为一种瞬间的顿悟,它常常是记者在对已有的报道高度关注时突然产生的一种新的报道思路、报道角度。

二是必须对关注的问题非常熟悉。报道是现实的表现,只有对现实有全面、透彻的把握,才能发现问题、发现新闻。这里又包含两层意思:一是要是长期采访某一领域的记者,因为这类记者对这个领域的情况十分熟悉,哪怕有一点变化都会引起他的关注,从而把这种变化置于其生存和发展的大背景中去判断其价值,进而发现新闻;二是对某一领域的情况、存在的问题要更加清楚,能在发现问题的过程中发现新闻。例如,美国一些专跑白宫的记者经历过多任总统,所以经常可以从总统的语态、用词等细微变化中发现背后的新闻。

(三)要拥有多学科知识,具有广博的知识素质

发现新闻首先必须知道什么是新闻,记者必须具备新闻学的相关知识。不然,遇到一件有新闻价值的事实时,会因无法把握它是不是新闻而失去了及时报道的机会。

然而,发现新闻仅有新闻知识是不够的。客观事物千奇百怪,有些人的某些做法既不合理又违背了政策法规,自然应作为新闻予以报道;而有些做法看起来很不合理,却是政策法规允许的,这就要求记者具有一定的政策法规知识。有些事情违背了经济学的原理,有的则需要用社会学、伦理学、心理学的知识解释,有的却必须用政治经济学理论进行分析等,这就要求记者拥有广博的知识,对众多领域的知识都要尽可能地多学一些。只有具备了相应的知识,遇到了新事情才可能有所判断、有所发现。记者除了要具有理论知识外,还必须广泛地了解社会知识,包括一些行规、习俗等,这些对新闻发现都有很大作用。对新闻记者来说,学习是无止境的过程,新闻记者只有学习和了解采访对象所涉及学科的基本知识,才能对新闻事实做出正确的分析和判断。

(四)要学会并善于运用创造性思维,要有刨根问底的思想品质

新闻敏感是一种发现新闻的能力,这是一项创造性劳动,必须借助创造性思维才能完成。

1.善于运用逆向思维

逆向思维也叫求异思维,是对司空见惯的、似乎已成定论的事物或观点反过来思考的一种思维方式。新闻记者要敢于"反其道而思之",让思维向对立面的方向发展,从问题的相反面深入地进行探索,树立新思想,创立新形象,抛开习惯的思路和视角,要能够从新的角度发现新的问题,进而发现新闻。逆向思维之所以奏效,是因为现实本身充满了悖论。正如老子所言:"有无相生,难易相成,长短相形,高下相盈,音声相和,前后相随,恒也。"悖论开启了新的可能,引导人们冲破思维的藩篱。《文汇报》记者万润龙在总结自己发现新闻的体会时说:"参加新闻工作多年,我已养成了逆向思维的习惯,凡事喜欢多问几个'为什么''可能吗'。""当今社会,新闻事件层出不穷,有的是自然产生的,有的是人为制造的,有的则是是非倒置的。冷静地面对层出不穷的'新闻',不为表象所惑,不为利益所动,独立思考,寻找其中真正的新闻,是新闻工作者锻炼自己新闻敏感和判断能力的必要前提。"

2.善于运用纵深思维

纵深思维就是不满足于记录事物的表象,按照原来的思路往前再迈一步,刨根问底,从而发现更深层次、更有价值的新闻内容的思维方式。记者的职责就是记录生活、反映社会的原貌,这种记录和反映最经常地表现为描述现实的表象,强调就事论事,真正优秀的记者则会在认识表象的基础上探究事物本来的面貌。这种原貌是事物的本来面貌,这种新闻真实是本质的真实,这就是大多数人想不到、做不到而优秀记者却想到、做到了的。

纵深思维最突出的特征是真知灼见,一个人如果没有看到本质的真本事,就无法透过表象深入一步。刘白羽在《记者的笔记本》一文中曾说:"当一种新鲜事物出现眼前,你不但要记录原象,还要记录你的思考。这就是说,在你用眼敏锐地观察时,同时就要用脑敏捷地思考,用最通俗的话表达,就是这种记录里不但要有你的印象,还要有你的认识。只有这样,那形象才有生命、有血液、有呼吸,才能迸发出你心灵的火花。"新闻记者不只是历史的记录员,还必须成为社会的观察家,唯有仔细地观察、深刻地分

析,才能在历史的一页里留下些许痕迹。真正的观察家是有深度的、有思想的,能够撇开纷繁的表象观察到事物背后的深层本质。纵深思维最常见的两种表现,一是在横向的综合层面发现事物内在的联系,二是在纵向的深入层面挖掘事物的深层内涵。

3.善于运用发散思维

所谓发散思维,是指在思维过程中,充分发挥人的想象力,突破思维限制,由一点出发,向着无数的方向思考,从已知的领域出发去探索未知的境界,是一种开放性的思维方式。新闻采访就是要搜集大量素材,要由一点散开,从而在与事实相关的无数个侧面中发现新闻。举一反三是发散思维最常见的方式。一篇报道出来后,广泛地开启思路,在大量寻找类似新闻素材的采访中,往往也会有新的发现。有经验的记者常处于"心游万仞,志存一念"的思维状态,前者是指活跃和多向的思维,后者则指为报道而思考的职业理念。①

第二节 熟知新闻价值

新闻价值作为新闻学中的一个基本概念,大约出现于 19 世纪 30 年代的美国,随后被作为整个世界新闻业及新闻实践必须遵循的普遍规律和基本规则确立下来,并被写入早期出版的新闻学著作,成为新闻学中最为重要的理论基点。

一、新闻价值的含义

新闻价值是客观事实所具有的足以构成新闻诸要素的总和,它标志着这个客观事实能给人们带来新信息的数量,反映着社会对传播这个客观事实的需求程度,它是选择和衡量新闻事实的客观标准。新闻价值由许多要素构成,包括重要性、显著性、时新性、接近性、趣味性、典型性等要素。

二、新闻价值的前后、主客观之争

在新闻价值的判定上,历来有两种不同的意见。

---

① 江作苏,成晓丽,李理.实用新闻采访教程[M].武汉:华中科技大学出版社,2015:113.

(1)前后之争——“鼻子论”与“心坎论”,即新闻价值究竟是在新闻写成之前,作为记者衡量事实能否成为新闻的标准而出现的;还是在新闻写成之后,作为编辑衡量新闻质量的标准而出现的;或是在新闻发表以后,作为受众评价新闻产生的作用、效果的标准而出现的。由此,产生了两种看法:一是“鼻子论”,即注重判断标准,主张新闻价值存在于新闻记者的“鼻子”里,是记者判断、识别什么是新闻的标准;二是“心坎论”,即注重实际价值,主张新闻价值存在于受众的“心坎”中。

(2)主客观之争,即新闻价值究竟是由事实本身决定的,还是由客观存在的人的认识水平、表现能力决定的,或是主观和客观的统一物。应当说,新闻价值是新闻事实固有的某些属性,是一种客观存在。某个事实有没有新闻价值,不是记者、编辑、受众等任何人可以随意决定的,而是要看新闻事实本身提供的信息能否为社会上的多数人所接受,要让事实本身决定。新闻工作者可以发挥主观能动性去发现、挖掘乃至表现某个事实的新闻价值,但绝不能制造、扩大或拔高其新闻价值。

三、影响新闻价值的因素

一般来说,新闻价值应包含以下要素:

(一)重要性

重要性是指新闻事实能在某种程度和范围内产生较大影响、与广大群众的生活和切身利益有密切关系的特质。重要性是新闻价值的主要因素,也是核心因素,记者要掌握新闻价值,首先应当抓住这一因素。重要性包括了我们通常所说的新闻的思想性、指导性和针对性等内容。需要特别注意的是,重要性还有一个显著的特征,就是相对性,由于社会制度不同以及地域差别等原因,人们对事物的认知水平各异,因而对重要性的认识也就很自然地存在明显差异。2017 年 4 月 1 日,中共中央、国务院决定在河北省雄县、容城、安新三个小县及周边部分区域设立国家级雄安新区。这是党中央作出的一项重大的历史性战略选择,雄安新区是继深圳经济特区和上海浦东新区之后又一具有全国意义的新区。

对于一国来说是十分重要的新闻,对于其他国家可能未必重要。印度尼西亚巴厘岛上的阿贡火山于 2017 年 11 月 25 日下午再次喷发,已造成至少 1.1 亿美元损失,这对于印度尼西亚很重要,但对于其他国家未必那么重要。同样,各个地区有各个地区的重要新闻，记者在实际工作中考虑新闻的重要性时，就要从当时、当地的具体情况出发，尽量选择与大多数人的利益尤其是全社会的利益相关的事实进行报道。

（二）显著性

显著性是指新闻人物、地点、事件具有引人注目的特质，指新闻人物或新闻事件有非同寻常之处，即这些人所处的社会地位比一般人要高，这些事发生的场合及性质非一般事可比，否则，就构不成新闻价值。在西方曾有以下几个流行一时的新闻公式：

普通人＋寻常事≠新闻

名人＋寻常事＝新闻

普通人＋不寻常事＝新闻

名人＋不寻常事＝大新闻

故宫、长城、埃菲尔铁塔等名胜，霍金、姚明、章子怡、马云、特朗普等名人经常成为报道对象。参观故宫是不是新闻？那要是看谁参观故宫！普通人参观故宫不是新闻，特朗普夫妇参观故宫就是新闻。2017 年 11 月 8 日，一则题为“习近平夫妇陪同特朗普夫妇参观故宫博物院”的报道便成为国内外媒体竞相报道的新闻头条。

（三）时新性

新闻的时新性包括两方面内容：一是时间性，即新近发生的新闻事实才有新闻价值，也就是说，新闻的发生与发表之间的时差越小，新闻价值就越大。二是新鲜性，即新闻题材新鲜感强。常有这样的情况，一个新闻事件本身虽然时间性较弱，或因记者发现晚了，或因某种原因没有及时发表，但相比较同类题材，却是最先见报的，且具有新意或合乎时宜，因而它同样具有新闻价值。例如，肯尼迪遇刺案发生于美国中部时间 1963 年 11 月 22 日 12:30，美国第 35 任总统约翰·菲茨杰拉德·肯尼迪在夫人杰奎琳·肯尼迪和得克萨斯州州长约翰·康纳利的陪同下，乘坐敞篷轿车驶过得克萨斯州达拉斯的迪利广场（Dealey Plaza）时遭到枪击身亡。有证据称，在肯尼迪遇刺后的三年内，有 18 名关键证人相继死亡，1963 年至 1993 年，有 115 名相关证人在各种离奇事件中自杀或被谋杀，这些证人的经历让整个案件蒙上了阴谋论的阴影。50 多年来，肯尼迪遇刺的真相仍然吸引着世人的目光。美国中部时间 2017 年 10 月 26 日晚，美国国家档案与记录管理局陆续将已被总统特朗普授权解密的2,891份美国前总统肯尼迪遇刺案相关文件公布于其官网上，一时间成为轰动性新闻。通常情况下，新闻线索要从时间上找，或从事物的发展变动中寻，且要遵循由近及远、以新带旧的原则。

(四)接近性

接近性是指新闻由于在地理、职业、年龄、心理及利益关系等方面与受众比较接近，因而会引起关注。求近心理是一种重要的心理定式，新闻与受众越贴近，价值越大。例如，中国房价的涨跌与普通老百姓的生活密切相关，国家及地方政府对房地产行业的政策因而成为普通老百姓关注的焦点。党的"十九大"报告明确提出，坚持房子是用来住的、不是用来炒的定位，加快建立多主体供给、多渠道保障、租购并举的住房制度，让全体人民住有所居。这也成为新闻媒体报道和专家解读的重要内容。再如，2017 年 11 月，经媒体相继曝光的上海携程幼儿园、北京红黄蓝幼儿园虐童事件，引发了章子怡、佟丽娅、伊能静、柯蓝等明星在网络上的集体声讨，《人民日报》也发表了文章评论：对待孩子，任何施害行为都是不道德的，更涉嫌触犯刑法。这则新闻成为各大媒体关注的新闻，也引发了全民对幼儿教育事业的大讨论。

(五)趣味性

新闻趣味性是西方新闻界首先提出来的，如美国人本杰明·哈里斯于 1690 年在美国创办的《国内外公共事件报》便是通过报道形形色色的有趣事件吸引读者的。19 世纪 30 年代在美国兴起的一批"便士报"，在竞争中纷纷登载各种奇闻轶事，甚至用色情、凶杀等新闻招徕读者，以扩大销路和影响，由此逐渐形成了新闻趣味性的概念。新闻趣味性包含两层意思：一是指内容新奇曲折，富有情趣，使受众普遍感到有趣；二是指写作形式和表现方式生动活泼，具有吸引力。反映社会风尚、风土人情、山川景物、旅游探险、科技发明、诉讼案件的新闻，更注重趣味性。不同的时代、社会、民族、阶级对趣味性有不同的解释，但新闻领域的趣味性有其客观标准。中国新闻界提倡新闻应有高尚、健康的趣味，反对宣扬封建意识和资产阶级腐朽思想的低级、庸俗的趣味，应当寓指导性、思想性于趣味性之中，使受众开阔视野、陶冶情操，促进社会主义精神文明建设。

(六)典型性

典型性是指新闻事实具有典型的意义及很强的说服力,对当前的工作具有指导意义。例如,2017 年,蒙冀交界处的塞罕坝林场成为保护自然生态的典型。55 年间,它从人迹罕至的荒原变成了如今包括 6 个林场、112 万亩林地,森林覆盖率达 80%的"天然氧吧",成为目前世界上面积最大的人工林,这里是守卫京津的重要生态屏障。"从沙地变林海,让荒原成绿洲",三代塞罕坝人通过不懈的努力和艰苦的奋斗,创造出了绿色奇迹。习近平对河北塞罕坝建设者的感人事迹作出重要指示:"55 年来,河北塞罕坝林场的建设者们听从党的召唤,在'黄沙遮天日,飞鸟无栖树'的荒漠沙地上艰苦奋斗、甘于奉献,创造了荒原变林海的人间奇迹,用实际行动诠释了绿水青山就是金山银山的理念,铸就了牢记使命、艰苦创业、绿色发展的塞罕坝精神。"①

四、新闻价值与新闻的价值的区别

新闻价值和新闻的价值是两个含义不同的概念。新闻事实或相应作品满足传播主体或接收主体新闻需求的程度叫新闻价值;新闻作品通过传播满足社会其他需求的程度,叫新闻的价值。

新闻价值实质上是对新闻的本质及其特性的量化把握,指的是新闻信息自身系统的内在构成;而新闻的价值是对新闻的社会功能的量化把握。前者被用来衡量什么是新闻,后者被用来衡量新闻有什么用。比如,新闻可以用来进行政治宣传,因此具有宣传的价值。新闻价值和新闻的宣传价值不是一回事。如果把这两个概念弄混,就会把新闻价值误解为新闻的多种用途和功能。使新闻价值丧失其固有的客观性,不利于把握新闻的本质和特性,不利于按新闻的内在规律进行新闻传播。

"新闻宣传工作"是出现频率很高的一个词,但是从新闻学和宣传的角度看,新闻与宣传是应该加以区分的两回事。两者之所以经常被混淆,在于它们都是传播信息的行为,其实它们是不同的社会现象,出发点、表现方式和归宿都不相同。但是,二者又是互相联系的,所以,新闻与宣传一直都是社会各界人士探讨的热点话题,二者之间有一个"度"的问题,只有把握好"度",才能更好地服务于政党、服务于大众。在思想观念

---

① 砥砺奋进的五年:半世纪坚守创造绿色奇迹每一个塞罕坝人都是"先锋树"[EB/OL].(2017-09-05)[2017-11-30].http://news.cctv.com/2017/09/05/ARTIDgfqArE91qBMU2x8MEhV170905.shtml.

上,许多人仍然习惯于把新闻同宣传画等号,新闻即宣传的观念根深蒂固。当今时代,人类的传播活动空前活跃,传播形式极其多样,传播媒介繁多,境内外的传播交流日趋便捷。任何人都不可能把流动在社会传播网络中的新闻信息全部纳入自己的宣传轨道之中。有关部门应该实事求是地承认新闻传播的丰富性和多样性,尊重新闻传播的相对独立性。面对新闻传播活动,媒体不应削足适履,而应结合形势,尽可能把党的宣传目的渗透到新闻传播活动中去,在政治上影响它的总体导向,在法律上规范它的行为界限,这样才真正有利于社会的进步和国家的治理。在理论研究中,人们往往缺乏对新闻和宣传的科学界定和明确区分。

五、新闻的功能性价值构成

新闻价值主要应用于新闻事实选择的环节中,是新闻进入传播过程之前的一种考量标准;而在新闻传播之后,新闻又会对受众以及社会发挥一定的作用,产生一定的功能,或者对受众形成一定的影响,产生一定的社会效果。探讨新闻的社会功能,归根结底就是探讨新闻价值的有用性含义,我们也将新闻的社会功能称为功能性新闻价值。笔者在借鉴了西方传播学家如拉斯韦尔、赖特及施拉姆等人关于媒介功能有正面意义的观点后认为,可将新闻事业的社会功能,也就是功能性新闻价值的要素概括为以下四个方面:

(一)传播信息:社会瞭望的基本功能

新闻事业的产生和发展是以人们对信息的需求为内在动力的,人们接触新闻事业最直接、最根本的目的就是获得大量的、最新的信息,及时了解世界的变化,调整自己的行为。新闻报道是信息的载体,其首要功能就是报道新闻、传播信息,从而把世界最新鲜的面貌展示给受众,同时起到瞭望社会、观察社会最新变化、发现社会发展过程中的问题的作用,这也是一切新闻事业的基本功能。

(二)关乎舆论:凝聚社群的导向功能

舆论就是公众对社会上某些事态大体相同的意见和言论。一般而言,它具有评价性、自主性、倾向性、扩散性等特点。新闻传播的广泛性和大面积覆盖性,使它与舆论的关系极其密切。所以，新闻学的诞生，就是以李普曼《舆论学》的出版为标志的。毫无疑问，新闻媒介是舆论最好的载体，而新闻受众则始终都是舆论的主体。在一定意义上，新闻信息是舆论的来源，它可以引发公众对于某些社会事件的普遍议论；而有些新闻信息则直接来源于舆论，或者是对舆论的反映。

新闻媒介发布代表一定阶级、集团、社会群体的意见倾向的事实，控制某一报道的量和度，就可能形成或引导舆论；从群众中收集舆情民意进行报道，这是反映舆论；新闻甚至还可以通过夸大或歪曲事实去制造舆论。总而言之，无论是代表舆论、反映舆论，还是制造舆论，新闻都具有引导舆论的功效。而新闻对于舆论的引导和反映，归根结底都是为了能够凝聚一定的社会群体，实现一定的政治或经济目标。

（三）传授知识：提高文化素养的连带功能

由于新闻传播内容的广泛、传播范围的广泛、受众的广泛，使得新闻媒介在文化教育方面也可以发挥一定的作用。新闻报道本身就蕴含着丰富的知识，另外，新闻还可以通过设置专门的教育栏目向受众传授专业知识，这种教育具有广泛性、长期性、形象性、随机性的特点。当然，新闻的教育效果也往往只有在潜移默化中才能见成效。

（四）生活娱乐：服务大众的一般功能

从总体上说，传播信息、引导舆论、普及教育都是提供服务。而这里所说的新闻的服务功能，主要是指新闻可以满足人们日常生活的需要，如可以提供气象、医疗、家政等方面的信息，尤其是那些纯粹娱乐性的新闻更是如此，从而满足人们不同层次的需要。随着人们物质生活水平的提高，精神生活成为人们日常生活的重要组成部分，充满人情味的新闻本来就为人们提供了娱乐，近年来，各种文艺文化专栏节目的开设更使人们的生活越来越丰富多彩。

正因为新闻事业具有这样的社会功能，新闻被传播出去之后才会满足人们的某些需要，才会对受众和社会产生某些效果。所以在新闻价值的内涵中，社会功能、人们的需要、社会效果应该是一致的：人们有知晓的需要，可以通过新闻事业传播信息的功能来满足；人们有认知的需要，可以通过新闻事业的舆论引导功能来满足；人们有接受教育的需要，可以通过新闻事业传授知识的功能来满足；人们有追求精神生活以及休闲的需要，可以通过新闻事业的文化娱乐功能来满足。经过实践证明，所有这些需要和功能是新闻事业可以达到的社会效果，它们均属于新闻的功能性价值范畴。①

第三节　严守新闻政策

经记者发现了的、有价值的新闻事实，并非每个都能报道，是否值得报道，还需要记者依据新闻政策去逐个鉴别。

一、新闻政策的含义

所谓新闻政策，指关于新闻报道政策的界限的规定。新闻政策具体包括：能报道什么、不能报道什么、着重报道什么、一般报道什么，以及报道中应注意些什么，等等。新闻政策中外都有，只不过形式、内容有所不同罢了。新闻政策的某些重要内容，若以法律形式加以规定，就成了新闻法。

二、新闻政策的内容

由于社会历史条件和政治制度不同，各个国家的新闻政策具有不同的内容和表现形式。在社会主义中国，新闻政策主要包括以下三个方面的内容：

(一)坚持为社会主义服务和为人民服务的基本方针

这既是制定我国新闻政策的基本依据，也是新闻政策的重要内容之一。《中华人民共和国宪法》第二十二条规定："国家发展为人民服务、为社会主义服务的文学艺术事业、新闻广播电视事业、出版发行事业、图书馆博物馆文化馆和其他文化事业，开展群众性的文化活动。"由国家的根本大法规定为人民服务和为社会主义服务的方针，这是我国新闻传播事业的基本特色。我国的新闻传播事业只有坚持这个基本方针才是合法的，一切新闻传播工作，包括政府部门的新闻立法和新闻管理都必须坚持并符合这一基本方针。人民群众既是新闻传播媒介的信息接收者，又是新闻传播媒介的主

① 郝雨，郑涵.新闻理论问题十讲[M].上海：上海大学出版社，2015：42.

体。新闻传播事业只能以最广大的人民群众为服务对象,而不能只为少数特权阶层服务。我国的新闻传播事业坚持为人民服务既是最基本的方针,也是坚持为社会主义服务的前提。

(二)坚持党性原则

新闻应无条件地宣传中国共产党的路线、方针和政策,不允许在新闻媒介上公开发表同党中央的决定相反的言论,不允许利用新闻媒介表达个人或小集团的主张、意见和感情。《中华人民共和国宪法》“序言”部分规定:中国各族人民将继续在中国共产党领导下,在马克思列宁主义、毛泽东思想、邓小平理论、“三个代表”重要思想、科学发展观、习近平新时代中国特色社会主义思想指引下,坚持人民民主专政,坚持社会主义道路,坚持改革开放,不断完善社会主义的各项制度,发展社会主义市场经济,发展社会主义民主,健全社会主义法治,贯彻新发展理念,自力更生,艰苦奋斗,逐步实现工业、农业、国防和科学技术的现代化,推动物质文明、政治文明、精神文明、社会文明、生态文明协调发展,把我国建设成为富强民主文明和谐美丽的社会主义现代化强国,实现中华民族伟大复兴。”这是我国宪法的基本指导思想,也是我国基本的政治制度。宪法是国家的根本大法,每一个公民和法人都必须遵守宪法的规定。毫无疑问,新闻传播事业必须接受中国共产党的领导。宣传工作必须坚持马克思列宁主义、毛泽东思想、邓小平理论、“三个代表”重要思想、科学发展观和习近平新时代中国特色社会主义思想,大张旗鼓地宣传社会主义物质文明和精神文明建设。

党的“十八大”以来,习近平总书记在全国宣传思想工作会议、党的新闻舆论工作座谈会、网络安全和信息化工作座谈会、哲学社会科学工作座谈会和全国高校思想政治工作会议等会议上,发表了一系列与党的新闻舆论和宣传思想工作相关的重要讲话,提出了一系列新思想、新观点、新论断,形成了博大精深、科学系统的新闻思想,体现了新闻思想的系统性、创新性和时代性。党的“十九大”报告指出:“坚持正确舆论导向,高度重视传播手段建设和创新,提高新闻舆论传播力、引导力、影响力、公信力。加强互联网内容建设,建立网络综合治理体系,营造清朗的网络空间。落实意识形态工作责任制,加强阵地建设和管理,注意区分政治原则问题、思想认识问题、学术观点问题,旗帜鲜明反对和抵制各种错误观点。”这些应该成为新闻政策的基点和新闻工作者遵循的基本原则。[①]

(三)新闻传播事业的禁载事项

为了确保我国新闻传播事业坚持为人民服务和为社会主义服务的基本方针，我国各种新闻出版法规均明确规定了新闻传播媒介的禁载事项。以《出版管理条例》为例，该条例第二十六条规定，任何出版物都不得含有下列十个方面的内容：(1)反对宪法确定的基本原则的。(2)危害国家统一、主权和领土完整的。(3)泄露国家秘密、危害国家安全或者损害国家荣誉和利益的。(4)煽动民族仇恨、民族歧视，破坏民族团结，或者侵害民族风俗、习惯的。(5)宣扬邪教、迷信的。(6)扰乱社会秩序，破坏社会稳定的。(7)宣扬淫秽、赌博、暴力或者教唆犯罪的。(8)侮辱或者诽谤他人，侵害他人合法权益的。(9)危害社会公德或者民族优秀文化传统的。(10)有法律、行政法规和国家规定禁止的其他内容的。该条例第二十七条规定，以未成年人为对象的出版物不得含有诱发未成年人模仿违反社会公德的行为和违法犯罪的行为的内容，不得含有恐怖、残酷等妨害未成年人身心健康的内容。

三、新闻价值与新闻政策的关系

有价值的新闻事实是否值得报道，需要记者依据新闻政策去逐个鉴别。也就是说，某个新闻事实是否值得报道，取决于其包含的新闻价值与新闻政策的关系。新闻价值与新闻政策的具体关系是：新近发生的某个事实能否报道，一要看其是否具有新闻价值，二要看其是否符合新闻政策。要处理好新闻价值与新闻政策的关系，应注意以下两个问题：

一是重新闻政策，轻新闻价值。一则新闻被报道后，会产生两种社会效果，第一种效果体现为读者阅读率，第二种效果体现为读者看到报道后的反应。一般而言，影响和制约第一种效果的是新闻价值，影响和制约第二种效果的是新闻政策，而第二种效果则必须建立在第一种效果的基础之上。摆不正这两个效果的位置，报纸就成了官报、新闻就成了文章，就吸引不了读者。

二是重新闻价值，轻新闻政策。应当承认，许多事实的新闻价值确实很大，但不符合新闻政策。当新闻价值与新闻政策发生矛盾时，在一般情况下，应当服从新闻政策。

---

① 蔡铭泽.新闻传播学[M].广州：暨南大学出版社，2014：114.

需要注意的是，各国的新闻政策皆不同，即使同一国家的不同历史时期，新闻政策也因当时情况的变化而不断变化。

综上所述，新闻报道应该是新闻价值与新闻政策的结晶，失去其中任何一个，都不是合乎要求的新闻报道。当新闻价值与新闻政策发生矛盾时，在我国目前的情况下，一般应当服从新闻政策。总之，媒体在进行新闻报道时既要服从科学，又要服从纪律，二者是辩证统一的。

值得补充的是，新闻价值的理论反映的是新闻工作的一般规律，且有相对的稳定性，任何国家皆可通用，但其在选择和判断上却为阶段性所左右。新闻政策则存在多变性。因为它受国家政治制度和法律的制约，因此，各国的新闻政策皆不同。同时，即使同一国家的不同历史时期，新闻政策也会因当时情况的变化而不断变化。记者只有深切地熟悉和掌握上述各个方面的内容，才能更为敏锐地发现新闻、更为准确地判别新闻，并提高敏感性和洞察力。

第四节　明确报道思想

明确报道思想是记者在采访前期的准备工作中的一项重要内容，是采访获得成功的前提条件。没有明确报道思想的采访是盲目的采访，有了明确的报道思想，记者才能有效地完成采访活动，才能写出符合要求的新闻报道。

一、报道思想的含义

所谓报道思想，是指新闻机构在一定时期内，组织、策划报道的指导思想和具体实施这一指导思想的大致设想。有时报道思想也称报道意图，包括编辑依据一定时期内组织有关报道的目的、预期效果、内容重点、报道范围、步骤和要求等。

二、报道思想的作用

(一)从政治上、政策上为采访工作“护航”

作为大众传媒的专属活动，记者的采访活动不是个体的行为，而是代表着媒体的思想倾向和价值观念，因而记者在采访中必须树立正确的政策意识和政治方向，即应当依据一定时期内有关新闻传播的工作方针、政策和策略来开展工作，符合条件的报道思想才是正确、科学的报道思想。有了正确的、科学的报道思想的指导和调控，记者的采访工作才会有正确的方向和目标，才会符合党和人民的根本利益。由于市场化和商业化的冲击，一些媒体为了追求轰动效应和点击率，大肆渲染“红色的秘密”(对领导人轶闻趣事的捕风捉影)、“金色的诱惑”(追逐大款的隐私和奢侈生活)、“黄色的刺激”(津津乐道于淫秽、色情场面的描绘)、“黑色的恐怖”(对暴力、凶杀的刻意渲染)。诸如此类的报道造成的负面的社会影响难以估量。要避免产生此类现象，记者必须形成正确的报道主题和格调。

(二)指导新闻素材的选取、确立新闻思想

报道思想约束着新闻报道的目的、内容、范围、重点等，可以在政治方向和报道方向上给记者的采访工作以指导，有助于其确立科学、高效的新闻主题。正确的报道思想有助于指导记者选择代表时代精神风貌，反映时代本质特征，推动社会和谐发展的，具有指导性、说服力、感染力的人和事。如2017年冬，在内地媒体关于江歌血案的报道中，大多数媒体聚焦于展现刘鑫及其家人的“自私”和“无耻”等，为声讨刘鑫及其家人推波助澜，也有少数媒体关注的是刘鑫的心理及中国家庭对独生子女教育的反思，因而呈现出两种截然不同的报道主题，形成了两种不同的传播效果。

三、如何形成和明确报道思想

报道思想是采访活动的依据，也是确定采访方向的指针。报道思想确立得是否精确，取决于新闻编辑的选取和决定以及上级机关的指示精神；而无论是编辑还是上级机关，大多会在认真领会上级文件精神、领导人的讲话以及媒体上发表的重要讲话和文字后，结合本地实际，拟定报道思想。

(一)吃透党和国家领导人的讲话、文章，从中把握报道思想

党和国家领导人以及各级领导人的讲话、文章是媒体在报道时应认真钻研和吃透的材料。媒体首先要注意重要领导人对国内外重大事件和问题的指示，这些指示往往针对重大事件和重大问题，一般会直指新闻报道思想。其次要注意领导人在党和国家

重要会议上发表的讲话,透过这些讲话可以有效地把握报道思想,吃透讲话内容。能否领会讲话内容更关系到媒体的宣传方针能否与党中央、中央领导保持口径一致。如党和国家领导人在党的重要会议、党风廉政会议上的讲话,事关党的建设、国家稳定、改革发展方向等,在宣传、组织、统战会议上的讲话直接规范着宣传工作,有的内容就可以直接成为报道思想。记者通过及时把握和领会这些讲话精神,就能做出准确的判断,找准报道思想。

(二)从国际国内发生的重大事件报道中捕捉、获取报道思想

一般而言,全国"两会"、中央工作会议都会透露和传达某些重要方针与思想,媒体只有把握重大事件、选择新闻事实、确定报道思想,才能使采写的内容和稿件适应广大受众的需求,并受到广大受众的喜爱。

(三)参与社会实践,从所听所闻中获取报道思想

社会实践是新闻记者最广阔的天地、最好的课堂,也是新闻记者取之不尽、用之不竭的源泉。记者要抓住群众普遍关注的社会热点、难点和疑点问题,以及群众普遍议论、但"小道消息"满天飞、无法证实,属于欲知而未知的问题……其次,记者要抓住社会上普遍存在的问题,并根据这些问题确定报道思想。记者只要当有心人,善于思考,就容易明确报道思想,而不是仅仅依靠编辑部或者上级宣传部门的指示开展工作。

(四)报道思想需要契合实际,灵活运用

报道思想往往是从某一时期的社会实践中得来的,是同当时的社会实际相适应的,因而报道思想要与客观实际相符合,脱离了客观实际,报道思想就会变成无源之水、无本之木。记者对报道思想要了然于胸,要做到既遵循报道思想,又不拘泥于报道思想,这样可以减少报道的盲目性,明确目的性。新闻采访的目的受报道思想制约并服务于报道思想,记者不能背离报道思想而确定采访目的,目的越明确、妥当,报道思想也越明确。①

报道思想要符合客观实际。首先,记者在用报道思想指导新闻采访时,必须树立"实践第一"的观点,要尊重客观实际。如果在采访实践中发现报道思想、报道选

---

① 柳邦坤.当代新闻采访与写作教程[M].武汉:武汉大学出版社,2012:45.

题不适合实际的采访,这时就应该从当时、当地的实际情况出发,决定采访的取舍、详略等。其次,报道思想是对以往实践的总结,是指导记者深入实际的指南和依据,记者必须重视。但相比较而言,记者更应该重视下情,即来自客观实际的第一手材料,要在实际中广泛接触各类采访对象,采集、挖掘丰富、扎实的第一手材料并加以分析,将上情与下情有机结合,只有这样,才能写出既能体现报道思想,又符合群众意愿的新闻报道。

▶本章小结

本章详细阐释了新闻敏感、新闻价值、新闻政策、报道思想的含义和内容,新闻工作者需要增强判断力和培养新闻敏感,熟知新闻价值和相关影响因素,严守新闻政策,把握新闻价值与新闻政策的关系,进一步明确报道思想,有效地完成采访活动,写出符合要求的新闻报道。

▶关键术语

1.新闻敏感。新闻敏感是记者、编辑发现和判断具有新闻价值的事实的能力,是新闻工作者的感官对新闻人物、新闻事件、新闻事实所蕴含的新闻价值的敏锐的感知能力。

2.新闻价值。新闻价值是客观事实所具有的足以构成新闻的诸要素的总和,它标志着这个客观事实能给人们带来的新信息的数量,反映着社会对传播这个客观事实的需求程度,是选择和衡量新闻事实的客观标准。

3.新闻政策。新闻政策指关于新闻报道政策界限的规定。新闻政策具体包括:能报道什么、不能报道什么、着重报道什么、一般报道什么,以及报道中应注意些什么,等等。

4.报道思想。报道思想是指新闻机构在一定时期内,组织、策划报道的指导思想和具体实施这一指导思想的大致设想。有时报道思想也称报道意图,包括编辑依据一定时期内组织有关报道的目的、预期效果、内容重点、报道范围、步骤和要求等。

▶思考与研讨题

1.新闻敏感的主要内容有哪些?

2.影响新闻价值的因素有哪些?

3.新闻价值与新闻的价值有何区别?

4.新闻政策的内容有哪些?

5.新闻报道思想的作用是什么?

▶延伸阅读

[1]焦国标.新闻之外的敏感[M].北京:中国发展出版社,2001.

[2]武志勇,赵蓓红.二十年来的中国互联网新闻政策变迁[J].现代传播,2016(2):134-139.

[3]陈信凌,谭琪红.习近平典型人物宣传报道思想的特色[J].中国编辑,2015(2):20-22.

第五章　采访前准备(二)

▶**章节大纲**

1.获取新闻线索；

2.精心准备采访；

3.剖析对象心理；

4.借助网络传播。

▶**章节内容**

本章主要介绍获取新闻线索的途径、如何精心准备采访、如何剖析被采访对象的心理，以及借助网络传播的内容。

第一节　获取新闻线索

明确报道思想之后，新闻采访工作就正式开始了。要开展采访工作，首要的就是获取新闻线索，这是决定采访成败的重要环节。

一、新闻线索的含义

新闻线索是指可能成为新闻的或具有一定新闻价值的某种事实所传播的信息，也可以说是已经或者将要发生的新闻事实所发出的信号。新闻线索不等于新闻事实，是记者发掘题材的一种凭据。它比较简略，要素不全，并非事物的全貌和全部过程，通常只是一个片段或概况，可以为新闻采访报道提供有待证实、扩展和深化的讯息。

二、新闻线索的作用

一般情况下，记者都是在得到线索的情况下才动身去采访的。在没有线索的情况下去采访，首先就要寻找线索，然后再沿着线索去采访。新闻线索对于采访的作用主要表现在以下几个方面：

（一）激发记者的新闻敏感，从而产生采访的动机

新闻敏感是记者的直觉，它经历了关注、认知、判断等阶段，与人的情感联系紧密。有了这种情感，记者才能产生采访动机，才可能有积极性。一个人如果在事前就认为所做的事情没有任何价值，那即使在被迫的情况下，他也不会全力去做这件事。新闻工作也一样，作为一名有职业责任的记者，当他认为这件事值得报道时，即使没有任务的压力和领导指派，记者也会去采访，甚至会全力以赴。

（二）为记者的采访提示了方向

虽然有时线索很少，甚至十分零碎，但对于记者来说，都有一定的利用价值。线索可以让记者知道采访对象、采访地点等，甚至通过线索可以知道采访要努力的方向。如果线索详细、具体，还可为记者的采访提供更多连带的线索。但是记者也要注意，由于线索具有不确定性，所以采访方向也应当具有灵活性。有的记者到现场采访时明显感到实际情况与原有线索不同，这时就需要调整努力的方向，但因为是带着目的去采访的，有些记者仍然坚持按照原来的方向进行采访，最后收效甚少。有些现场的情况与线索差异很大，甚至相反，比如采访明星结婚事件，但婚没有结成，如果记者不知道调整采访方向，只能放弃采访，而不知道立即采访婚没结成的原因。

（三）为媒体的报道活动提供决策依据

有的线索是具体的，涉及的新闻事件较小，新闻记者可以单独采访；有的线索可能概括性强，涉及更大规模的事件，非一个记者能够完成，需要整个媒体积极配合，或是需要媒体组织采访小组统一采访。所以记者得到或发现新闻线索时要及时进行判断，如果认为自己无法独立完成采访，需要立即报告媒体管理者，不能自行放弃，或自己先去采访部分信息。再者，媒体组织大型采访活动时必须在一定线索的基础上进行，这

样才有成功的可能性。如果仅仅为配合上级的精神，或者仅仅因为管理者要求进行采访而去采访，大多很难收到良好的成效。

三、新闻线索获得的渠道

记者要获得新闻线索，应该先了解线索来源。总体而言，新闻线索来源于人们的社会实践。人民群众的社会实践和丰富多彩的社会生活，为新闻报道提供了取之不尽、用之不竭的源泉。因此，到基层去，到群众中去、到新闻的"源头"去，是记者发现和获得线索的根本途径。记者在平时的工作和生活中应该提高自己的新闻敏感性，利用一切渠道来获取线索。记者要获取新闻线索，除了要直接深入实际，深入群众以外，还应当开阔视野，善于从多方面着眼，广开新闻线索的间接来源。记者从间接来源获取新闻的有效渠道主要有七个。

(一)党和政府的有关方针、政策及重要文件

记者应积极行动，熟悉和接触各级党政组织特别是上级领导机关，掌握方针政策，了解情况。来自党和政府的决策，来自领导同志的谈话、报告、批示等，往往会分析当前的形势，阐明当前政治、经济、文化生活中的主要情况和问题，并提出新的任务和努力目标，提出解决问题、完成任务的指导方针与政策措施。这些信息既反映了当前的客观实际，又预示着一个时期将要发生的重要事件。党和政府召开的会议、公布的政策，本身都是重要的新闻来源，更为重要的是，这里面还蕴含着大量的新闻线索，需要记者进一步挖掘。李克强总理于 2017 年 11 月 26 日赴匈牙利布达佩斯出席了第六次中国—中东欧国家领导人会晤，并对匈牙利进行了正式访问，之后出席了在俄罗斯索契举行的上海合作组织成员国政府首脑理事会第十六次会议。在 2017 年 10 月 21 日中国外交部举行的中外媒体吹风会上，中方有关负责人介绍，李克强此访将引领中国—中东欧合作再上新台阶，有助于深化中匈关系，商定上合组织下一步合作重点，而推动各方共建"一带一路"将成为此访的一大亮点。这就透露并反映出党和政府推动"一带一路"倡议的决心。此外，各种书面渠道，包括领导机关下发的文件、各个部门的工作总结等，也往往蕴含着新闻线索。

(二)各种会议、领导讲话及有关部门的工作信息和简报

会议是人类社会一种特殊的社会活动，是一种有效的工作手段，也是民主制度

的一种有力的保障措施。因此，会议具有十分显著的重要性。各类会议有如下共同特点：第一，信息集中，特别是一些专业会议的报告、简报、发言稿、论文集，往往集中了相关专业领域最新的信息。第二，人才集中，尤其是一些规格较高的会议，与会者大多是本部门、本行业、本专业领域的最高领导或顶级人物，可谓名人、专家和领导集中。

党和政府要通过会议制定方针、政策，做出重大决定，发出重大号召，部署中心工作；各级组织要通过会议传达上级指示精神、研究和解决问题、交流和推广经验、组织和发动群众等；有的会议还是党和国家前进史上的里程碑；有些会议则是地方建设发展史上的转折点，其重要性无法估量。因此，领导机关和各部门召开的会议，特别是党代会、人代会等，是出新闻的地方，为全国人民所关注。记者的视野不要仅仅停留在会议上，还要注意会下和会外，许多有意义的新闻线索，常常是记者在会下和会外发现的。

（三）从编辑部获得新闻线索

各个媒体往往会定期召开编前会，在编前会上，编辑会从全局的角度提出一些选题，并委派记者去采访。因此，记者获取新闻线索的一个渠道就是编辑部，要等待编辑的安排。例如，《科技日报》上关于钟敬文[①]的报道，就是根据编辑提供的线索采访的。

（四）靠记者自己的积累、比较，亲身体验和耳闻目睹获取

对于记者来讲，虽然可以依靠编辑部分配任务来获取新闻线索，展开采访，但如果一名记者完全依靠编辑部，可以说他是一名不合格的记者，作为记者还要善于自己去发现新闻线索。例如，秦始皇兵马俑被称为“世界第八大奇迹”的报道就是记者通过自己的耳闻目睹完成的。1978年9月，法国前总统希拉克参观秦始皇兵马俑后感慨地说：“世界上有七大奇迹，秦兵马俑的发现可以说是第八大奇迹了。不看金字塔，不算真正到过埃及；不看秦俑，不算真正到过中国。”于是，“世界第八大奇迹”的说法不胫而走，如今已成为秦兵马俑的代名词。

---

① 钟敬文，原名钟谭宗，出生于广东汕尾海丰公平鱼街，客家人，毕生致力于教育事业和民间文学、民俗学的研究及创作工作，贡献卓著，是我国民俗学家、民间文学大师、现代散文作家。

案例:范敬宜同样也是发现新闻线索的高手[①]

范敬宜,江苏省苏州市人,为范仲淹的28世孙,自幼对诗书画都很敏悟,学生时受过当时文史哲方面杰出学者的熏陶,师从吴门画派的杰出名家樊伯炎,深得吴门真传。1949年毕业于无锡国学专修学校,1951年毕业于上海圣约翰大学中文系。1978年加入中国共产党。精于诗书画,当代著名新闻工作者。2010年11月13日,因病在北京医院去世,享年79岁。

范敬宜曾说,五种人不适宜当记者:不热爱新闻工作的不可以、怕吃苦的不可以、畏风险的不可以、慕浮华的不可以、无悟性的不可以。热爱新闻工作,耐得住苦难,受得住风险,经得住诱惑,再加上聪明、睿智的大脑,才能写出好的新闻作品。

1979年4月,社会上刮起了一股否定十一届三中全会精神的冷风,说是政策过头了。为了弄清究竟是怎么回事,范敬宜和同事决定分头下去搞调研,他去了自己最熟悉的建昌县,这里是辽西最贫困的山区。采访结束后,他根据所见所闻,实事求是地写了一篇《莫把“开头”当“过头”——关于农村形势的述评》。

这就是我们常说的,“两耳不闻窗外事,一心只读圣贤书”的人是当不好记者的,记者应该是一个“好事之徒”,哪儿人多、哪儿热闹,不能躲,应该上去看看有没有新闻,所谓“有枣没枣打三竿子”,看看能否打得下来新闻的果实。范敬宜曾作打油诗,对一些作风浮躁的记者提出了善意的批评:“朝辞宾馆彩云间,百里万里一日还。群众声音听不到,小车已过万重山。”他告诫记者们,眼睛不要总盯着《人民日报》那0.2平方米,而要看到960万平方公里。

这也就是范敬宜说的:记者走到哪里,都是一名记者,他每时每刻都要注意周围有没有新闻线索,有没有具备新闻价值的东西。这要成为一种职业习惯、一种职业敏感。许多好素材就是在有意或无意间获得的。

---

① 参见百度百科“范敬宜”词条。

(五)从其他新闻媒体来获取新闻线索

报纸、广播、电视、网络等新闻媒体，不仅能够报道新闻，而且还可以提供新闻线索。

一般来说，受众读报纸、听广播、看电视只是为了了解信息，看看又发生了什么事情。但对于记者来讲，就不能仅仅停留在获取新闻这个层次上，还要从专业的角度看一看能否发现新闻线索，看看哪些报道还可以从新的角度、新的思路去报道，哪些新闻报道还不够，有进一步深入报道的必要。另外，从其他媒体获得新闻线索，主要是指从网络媒体获取线索，因为网络最明显的特点就是速度快、信息量大。例如，对同一新闻的报道，通过网络传播要比通过传统媒体传播快得多。据新华社开罗 2017 年 11 月 24 日电(记者郑凯伦)：埃及官方电视台 24 日报道，埃及北西奈省一座清真寺当天发生的恐怖袭击已造成至少 235 人死亡、109 人受伤。埃及总统塞西在袭击发生后表示，埃及将对恐怖分子发动“无情打击”。新华社北京 2017 年 11 月 25 日电：国家主席习近平 11 月 25 日向埃及总统塞西致慰问电，就 11 月 24 日埃及北西奈省阿里什市一清真寺发生严重恐怖袭击向无辜遇难者表示沉痛哀悼，向塞西总统、遇难者家属和受伤人员致以诚挚的慰问。习近平在慰问电中指出，中方坚决反对一切形式的恐怖主义，对这次恐怖袭击予以强烈谴责。中方坚定支持埃方维护国家安全稳定、打击恐怖主义的努力。① 可以看出，两则报道在时间上是有先后的。

(六)通过受众提供来获得新闻线索

中央电视台《唐山 1976》最近开始故事征集。而每期的《焦点访谈》在结束的时候都是这样说的：“好，感谢您收看这期的《焦点访谈》，并欢迎您给我们提供更多的新闻线索，再见。”

如果大家注意看报纸的话，不难发现，各报纸都在显著的位置刊登了自己的新闻热线号码。这就是说，记者获得新闻线索可以靠编辑部委派、自己发现，同时也可以依靠受众提供。我国的媒体开始有意识地从受众那里征集新闻线索始于 20 世纪 90 年

---

① 习近平就埃及发生严重恐怖袭击向埃及总统塞西致慰问电[EB/OL].(2017-11-25)[2017-11-27].http://www.gov.cn/xinwen/2017-11/25/content_5242237.htm.

代,当时这样做的主要是一些南方的媒体。随着时代的发展,各个媒体都非常注重这一新闻线索的获得渠道,有时甚至会有偿征集,由此也产生了“新闻线人”这个所谓的“另类职业”。

(七)民生新闻采访线索的获取途径

1.新闻线索在民生新闻采访中的重要地位

首先,从传播内容的角度来说,民生新闻的内容涉及时政、经济、科技、体育、教育、卫生、文化等诸多领域,其新闻采访线索具有很大的不确定性。

其次,从受众的角度来说,民生新闻的受众涉及社会各个阶层的普通民众,是一个身份背景相对模糊、概念宽泛的群体,他们关注什么、需要什么,媒体尚无法确切地知道。传播者只有在受众中尽可能地经营新闻信息源,并在审视众多新闻信息源初步的线索信息、分析受众的前馈和反馈信息的基础上,才能获得较有价值的新闻线索。

最后,从传播环境的角度来说,一方面,国家对民生新闻报道的体制保护处于较边缘的状态,采访常常得不到相关部门的有效配合,因此,获取新闻线索的成本往往较高。另一方面,传播者如果不主动经营消息源,竭尽所能地去获取新闻线索,民生新闻的采访往往寸步难行。

2.获得民生新闻线索的途径

(1)新闻热线。

多数媒体通过开设的新闻热线能够迅速获取新闻线索,如中央电视台、北京电视台、《北京晚报》、《新京报》、《京华时报》、北京电视台《第七日》栏目等媒体均设有新闻热线,有的还标明是24小时新闻热线。如果没有能及时向记者提供新闻线索的主要方式——新闻热线,使记者能在第一时间到达新闻事件的现场,很多新闻中的现场情景是根本不可能拍摄到的。

(2)蹲点民生新闻的集散地或经营民生新闻的集散地。

记者在民生新闻的高发地带即民生新闻的集散地蹲点守候,也不失为一个获取民生新闻线索的好办法。民生新闻的高发地带通常有急诊室,派出所,车站,婚姻登记处,110、119报警服务台等部门或地点。记者在这些地方蹲点或与相关的职能部门搞好关系,往往能在第一时间得到十分有新闻价值的民生新闻线索。这方面,浙江《今日早报》经营新闻线索的做法值得借鉴。该报研究了杭州市的数百个居民区,并在其中

15个地段和居委会干部能力较强的居民区现有的活动场地的基础上建起了茶室。报社为每个茶室配备了联系记者，通过与居民或居民干部的交谈沟通，记者获得了大量的新闻线索，再通过采访，又获得了很多有价值的民生新闻。《今日早报》将社区茶室经营成了民生新闻的集散地。

总之，新闻线索的获得渠道是多种多样的。美国新闻学家麦尔文·曼切尔曾说过，消息来源是记者生命的血液。作为一名记者，不应"把脑袋长在别人头上"，不应满足于当"派工记者"，而应当把生活和各种活动当作新闻的源泉，从中不断地获取新闻线索。

第二节　精心准备采访

有了正确的报道思想和明确的新闻线索，并不意味着采访活动一定会顺利，更不意味着采访目的一定能实现。要使采访顺利完成，记者除了要精心策划外，还必须精心做好采访准备。正如新华社上海分社集体撰写的《采访问题》一文中指出的那样："事先有研究、有准备，是采访深入、高效的关键。"

采访是一门综合性应用学科，采访活动进行得好与坏，是对记者理论、政策、知识及各方面能力、经验的综合检验。因此，采访的准备，既包括临时准备，又包括平时的准备，既要"临时抱佛脚"，又要"平时多烧香"，提倡"平战结合"，从而将采访活动推向最佳境地。

一、平时准备

养兵千日，用兵一时。采访活动要有效率，有赖于记者平时在各方面的准备与积累。

（一）理论的准备

记者要根据形势发展的需要，有计划、有系统、有针对性地学习马克思列宁主义、毛泽东思想、邓小平理论、"三个代表"重要思想、科学发展观和习近平新时代中国特色社会主义思想，掌握基本理论，熟练运用正确的立场、观点、方法去研究和解决实际问题。新华社老记者郑伯亚说得好:“提高记者采写水平的决定性环节是提高记者的理论水平。”较高的理论水平非一朝一夕所能具备的,需要记者坚持不懈地学习和实践。实践证明,一个记者的眼光是否长远、嗅觉是否敏锐、考虑问题是全面还是片面、文章写得深还是浅,都反映了记者理论水平,即理论素质的高低,不具备一定的理论素质和条件,是写不出精品力作的。

(二)政策的准备

从一定意义上说,记者是宣传党和政府的方针政策的喉舌,因此,对党和政府的方针政策,记者理应比一般人学习得好一些、理解得透一些。作为一名新闻记者,除了熟悉党和政府的总方针、总政策外,对一个时期的现行政策,特别是对自己分工负责报道的所在战线、行业的具体政策,更应学习、领会和掌握。否则,采访就会没有依据,容易失去方向,不但宣传不好党和政府的方针政策,甚至可能采写出违反方针政策的报道,造成不良影响。例如,十二届全国人大五次会议新闻中心于 2017 年 3 月 7 日 9 时在梅地亚中心多功能厅举行了记者会,财政部部长肖捷、部长助理戴柏华就“财政工作和财税改革”的相关问题回答了中外记者的提问。新华社记者的问题是:“我们很关注个人所得税改革。请问今年综合与分类相结合的个税改革将有哪些进展?是否会考虑提高个税免征额以降低纳税负担?另外,我们也注意到全面‘二孩’政策已经实施一年多了,但根据全国妇联的有关报告,我们发现有一半以上的‘一孩’家庭并没有要‘二孩’的打算,主要由于生育成本、经济负担等原因。有专家呼吁,希望在个税政策上做一些调整,减轻这种有两个孩子的家庭的负担,不知道下一步财政部是否有相关的工作计划?”可以看出,记者这一系列问题的提出,是建立在对我国相关政策了解的基础上的。

(三)情况的准备

记者工作时不能单打一,要进行“立体作业”,正如新华社上海分社记者吴复民所说:“在同一个时间段内,记者应该既有正在写的稿件,又有若干报道线索正待采访,还要密切注意本行业新发生的情况。”

记者要留意与采访写作有关的各种情况:完整的,零碎的;正面的,反面的;上面的,下面的;本地的,外地的;自己经历的,别人介绍的;已经做了的,计划实行的;等等。

实践证明，积累、熟悉这些情况，有助于记者在采写新闻时更好地了解过去、认识现在、预测将来，使新闻报道有新意、见深度、上水平。例如，《人民铁道》报记者朱海燕20世纪70年代曾去大西北采访铁道兵某部广大指战员的英勇业绩，有两个场景在当时发表的长通讯中未用进去，一个是某团团长为了招待他，将亲友寄来平时都舍不得吃的一条咸鱼蒸熟后端上桌，该团长10岁的儿子高兴得直拍小手叫道："今天可以吃到鸭子喽，好高兴哟！"另一个是某师任务完成后被转调内地，当火车驶出大沙漠，铁道两旁一棵棵的树闪现而过时，师政委17岁的女儿拉着父亲问道："爸爸，爸爸，窗外这一棵棵是不是树啊？"两个孩子都是父辈进军大西北后生养的，智商并不低，只是缺教育、少见识。八年后，当党中央发出进一步开发建设大西北的号召时，朱海燕在又一篇名为《建设大西北的壮举》的长篇通讯中，将这两个场景用上了。通讯发表后，社会反响极大，同行也称赞这篇通讯主题深刻、有突破：广大指战员为了人民的事业，勇于奉献自己的青春年华。

在新闻素材的准备方面，我们不妨学学蒲松龄的"摆茶摊"精神。他二十年如一日在家门口设一茶摊，免费向路人提供茶水，细心收集路人所述的各种情况，终于写就《聊斋志异》这部流芳百世的佳作。

(四)知识的准备

记者是博学多识，还是知识贫乏，在采访中往往会呈现出两种截然不同的效果，正如著名记者范长江在《怎样学做新闻记者》一文中所说："新闻工作之所以可贵，是因为知识广博。"具体而言，如果记者平时的知识积累充分，采访时会直接产生如下效果：

第一，有助于同采访对象迅速有效地展开谈话。记者与采访对象若要迅速有效地谈到一块儿，恐怕并不完全取决于采访的经验和方法，起关键作用的，常常是记者对采访对象的职业所涉及的知识有所积累和准备。例如，著名学者杨振宁教授有一次到上海访问，上海某大报派了两位资深记者前往宾馆采访，但没谈一会儿，采访就告吹了。是何原因？是因为两位记者对杨振宁所研究的领域太陌生，事先又未做认真准备，以致对方尽管拣最基本的知识谈，两位记者也毫无反应，那就只好"话不投机半句多"了。两位记者吸取教训，马上驱车前往复旦大学，请教了复旦大学同杨振宁研究同样课题的教授。在知识上做了一番认真准备后，两位记者再次约请杨振宁接受采访，虽然说不上是专家，但他们已谈在了道儿上，令杨振宁顿生"士别三日，当刮目相看"之感，于是两位记者顺利完成了采访。

第二,有助于敏锐地捕捉有价值的新闻事实。记者若是知识功底扎实或准备充分,就不难判断出采访对象所述的材料是否有价值。

第三,有助于深刻揭示新闻主题。欲使新闻主题得到深刻揭示,方法固然不少,但如果记者知识准备充分,看问题能达到一定的高度、深度,揭示新闻主题就显得更为有效。例如,两位实习记者有一次采写长沙市新建的机械化养鸡场的报道,起先,他们对新闻主题是这样提炼的:党和政府为了改善和提高人民的生活水平,办起了这个规模颇大的养鸡场。这个主题过得去,但很难说深刻。后来,他们花了一整天时间查阅历史资料,终于找到并在报道中穿插了一段历史知识:唐明皇李隆基晚年昏庸,沉迷声色,酷爱斗鸡,于是,在两宫间筑起鸡坊,养雄鸡数千,选五百名官兵教饲之,当时凡是善斗鸡和送鸡的人都得到了唐明皇的宠幸,耀武扬威。通过对比,深化了报道的主题:以前是为了满足皇帝一个人的爱好斗鸡,现在则是为了提高人民群众的生活水平创办养鸡场。

第四,有助于避免犯知识性错误。有些记者由于对相关知识不掌握,又想当然,因而常常导致在采访时闹笑话,或是在报道中出现常识性错误。例如,2017 年 4 月 11 日,美国白宫发言人肖恩·斯派塞在例行记者会上把叙利亚总统巴沙尔·阿萨德比作纳粹德国头目阿道夫·希特勒,试图继续谴责叙政府军对平民使用“化学武器”,却因为历史常识性错误把“炮火”引到自己身上。斯派塞在记者会上说:“即使像希特勒这样卑劣的人也没有使用化学武器。”然而,事实是,遭纳粹德国屠杀的数百万犹太人中,许多人就惨死于毒气,仅在奥斯威辛集中营,每天就有6 000多名犹太人死于毒气。斯派塞的言论令舆论一片哗然,受到了犹太人团体和政治对手的强烈批评。美国的安妮·弗兰克相互尊重中心负责人史蒂文·戈尔茨坦说,斯派塞的这番说法是历任白宫发言人中“最邪恶的侮辱”,是在“否认大屠杀”,他不够资格担任白宫发言人,美国总统唐纳德·特朗普也说“必须立即把他解职”。美国国会众议院少数党领袖、民主党人南希·佩洛西指责斯派塞“淡化大屠杀的恐怖”,要求特朗普“立即否定”斯派塞的讲话内容并解除他的职务。美国前国务卿和民主党总统候选人希拉里·克林顿的女儿切尔西在推特上建议斯派塞“抽时间去大屠杀纪念馆参观一下,它就在几个街区外”。

综上所述,采访绝不是一手执纸、一手执笔,然后一问一答一记而已,这仅仅是采访的现象。真正意义上的采访,是采访双方知识的互换和情感的交流。

二、临时准备

新闻采访作为一种复杂的意志行动，还包括记者头脑中对采访对象相关材料的收集、熟悉，采访活动计划的拟订等复杂的心理活动过程，不经历这一过程，采访的目的是难以实现的。再则，采访对象的情况是千差万别的，计划和方法是多种多样的，要求记者做出全面、合理的权衡，制订和选择对实现采访目的最为有利、适宜的计划和方法。因此，除了重视并做好平时的准备外，临时准备也必须认真施行。临时准备又称专题准备或专项准备，具体如下：

（一）收集新闻事件的相关资料

记者在采访前应认真收集相关资料，不打无准备之仗。再艰巨的采访任务，只要精心准备了，相关材料收集了，便可以完成得很好。世界著名的女记者法拉奇，以及中国著名的主持人董卿，她们每次采访都井井有条、游刃有余，最终都能获得圆满成功。其实，在每次成功的采访背后，都离不开她们的精心准备，或是用几天，或是用几个星期，她们会提前收集被采访对象各方面的材料，仔细拟订采访计划，然后再从容上阵。

（二）熟悉和研究采访对象的基本情况，找准心理差异

采访中常会出现这样的情形：某记者与某采访对象谈了半小时乃至一小时后仍谈不到一块儿，甚至出现冷场，最后不得不结束交谈。其原因固然不止一个，但记者的采访突破口未选准是造成僵局的重要原因之一。采访突破口能否选准，有赖于记者对采访对象特定的心理差异是否有准确的判断，而这一判断又直接取决于记者对采访对象基本情况的熟悉和研究程度。采访对象的基本情况通常包括：性别、年龄、职业、经历、学历、特长、兴趣及与其相关的各类文字材料等。这方面的准备相当重要，记者对采访对象的基本情况了解得越充分、研究得越仔细，对其心理活动的判断就越准确，就可以因人、因时、因地制宜，运用适当的访问形式和技能，迅速在情感上与对方相通，最终打开采访通道。例如，邓小平和伊朗宗教领袖霍梅尼生前均被誉为世界政坛的风云人物，数以百计的记者曾先后采访过他们，但成功地完成采访的记者并不多。这是因为，在这些记者看来，邓小平与霍梅尼似乎是同一类型的人：在国内拥有至高无上的影响力，铁面无私，十分威严，于是便采用同一采访手段对二人进行采访。自称“世界政治

访问之母”的意大利著名女记者法拉奇，在收集了这两个人详细的相关资料并仔细研究后，找准了两人的心理差异。在此基础上，法拉奇特制了两把启动霍梅尼、邓小平话匣子的“钥匙”，做到了一把钥匙开一把锁，最终成功地完成了采访，令同行为之叹服。

(三)拟订采访计划和调查纲目

在采访前拟订采访计划和调查提纲，是令记者的主观愿望与客观实际更能趋向一致、顺利实现采访目的不可缺少的一步工作。因为记者的意识及行为的目的等只是人的主观心理状态，要使采访活动顺利进行并达到预期效果，就必须使记者的主观愿望符合事物发展的客观规律。因此，在采访开始之前，必须确定达到采访目的的行动步骤、途径和方法，这是新闻策划与准备工作中重要的一环。

采访计划应包括大体的活动方式，要访问的部门、人员及其先后顺序，报道的体裁、字数及采写周期等。调查纲目，指记者提问的大纲细目。这里要特别强调调查纲目的拟订问题，记者在采访前准备好细致、周密的调查纲目，就可以在采访过程中保持清晰的思路，始终处于主动地位，不至于因采访对象可能出现的干扰而使自己乱了阵脚。或者，当采访对象心理活动不正常，叙述显得杂乱无章时，记者还可及时给予适当调节，以使采访活动顺利进行。值得提醒的是，有些记者缺乏良好的工作习惯，单凭经验行事，采访前懒得花功夫去制订采访计划和调查纲目，采访时信马由缰，结果势必实现不了采访目的，甚至导致采访失败。例如，有两位女实习记者有一次去山东省莱州市的一个镁矿采访，到达目的地后，镁矿有关同志送上不少有关这个矿的文字材料。晚饭后，她们照理应该翻阅这些材料，而后制订第二天的采访计划与调查纲目，但她们竟跑到县影剧院看了一场电影。第二天采访时，当矿长、书记等矿上的领导认真接受访问时，记者竟这样发问：“请问你们矿的煤年产量及开采设备与山西大同煤矿、安徽淮南煤矿等煤矿厂相比有什么不同?”竟将镁矿误认为煤矿！顿时，弄得采访对象啼笑皆非，产生了反感心理，好端端的采访气氛就这样被破坏了。

记者在拟订调查纲目时不妨拟得详细些、具体些，以免临时慌乱。西方记者很注重这一点，他们认为，每采访一分钟，至少要准备十分钟的交谈内容，“准备过度胜于准备不足”，即使对方只同意谈几分钟，只要记者提问得体，也常常会破例临时延长采访时间。例如，美联社记者尤金·莱昂斯有一次采访斯大林，事先有人告诉他，交谈时间为两分钟。莱昂斯回忆说：“两分钟过去了，我发现斯大林并不着急结束采访，而我却没有一个提问题的提纲。我在斯大林的办公室待了差不多两小时,但在这种令人兴奋的最佳环境中,我却没能提出意义重大的问题,对这一点我永远感到内疚。”

许多老记者在采访中之所以能审时度势、从容不迫,写作时能一气呵成且颇有深度,均与事先拟好了调查纲目有关。新华社记者在采写非事件新闻时,一般都有先去资料室“泡”半小时左右的习惯,他们会在本子上或在头脑中记下要提问的大纲细目,然后再出门,这一做法是值得其他记者借鉴的。

(四)检查采访相关用品的准备情况

上述各项准备俗称“软件准备”采访相关用品的准备则俗称“硬件”准备。记者在采访前的准备工作还应包括行装、笔墨纸张等方面的准备,若是到偏僻的农村、连队、山区、矿区、牧区、林区采访,还要带上雨具、常用药物、干点心等,甚至连鞋带也要备上一双,以防万一。如果记者随身携带相机、录音机、摄像机等,应先试一试机件是否完好、录音笔是否已充满电、电池带足了没有、备用灯管带上没有。这是因为,这些方面稍有疏忽或出现意外,就会干扰记者正常的采访活动,影响采访对象的活动热情,最终影响采访效率,不能完全实现采访目的。

第三节　剖析对象心理

人的心理是客观事物的反映,一切心理活动都是由内外刺激引起,通过一系列变化来实现并在人的各种实践活动中表现出来的。采访对象接受记者采访,本身就是接受一种外来的刺激,他们会由此产生一系列心理活动,其中既有外在表现,也有内在的心理感受。要使采访活动的效率得到提高,记者就必须对采访对象在采访活动中表现出的各种心理特征和内心活动予以准确的掌握并积极地予以调节,同时,记者对自己的心理活动也进行适时、必要的调节。

采访对象遍布社会各阶层,由于其各自的生活经历、职业需要、所处环境、知识水平、道德修养、性格习惯、兴趣爱好可能不同,心理状况也有很大不同。在有限的采访时间里,记者很难对其进行全面的探索与掌握(当然也没这个必要)。但记者应对采访对象主要的、共有的心理现象予以剖析,以便掌握对方的心理活动规律,在采访时做到知己知彼，把自己的心理活动与采访对象的心理活动融为一体，以使采访活动达到最佳效果。

一、掌握采访对象心理的必要性

记者掌握采访对象的被访问心理，可使采访的准备工作做得更有针对性和更趋完善。这是因为，如果不知道将要采访的对象的基本情况和被访问心理，只是按照一般程序做一般性的访前准备，这种准备在很大程度上具有盲目性，效果往往事倍功半。因为记者失去了把握采访对象在接受采访的过程中心理活动的依据，而采访对象的访前心理绝不能到采访时再去调整和掌握。有经验的记者都应有这样的体会：调节、自控能力较强的采访对象的表情或动作并不能完全、真实地反映其心理活动。察言观色虽属必须，但也难免有失误。因此，要使访前准备更趋完善，使采访者和被采访者能有真情实感地进行一场有效的采访，记者有必要剖析并掌握采访对象的访前心理。

二、采访对象的访前心理分类

(一)从性质和内容上划分

1.先期性心理

先期性心理主要指采访对象对新闻事业、新闻单位、新闻记者及新闻采访活动所持的观念。这一观念是构成采访对象访前心理活动的基础。先期性心理通常由采访对象对新闻记者的信任、尊重、爱戴和对记者职业的神秘感、好奇心等组成。良好的社会制度给新闻工作创造了优越的环境和条件，有助于记者与采访对象之间形成平等、互助、合作的关系。

2.临访性心理

临时性心理指采访对象接受记者采访请求后的心理，通常也称采访对象临访期间的原始心理，主要包括采访对象对自己在某一新闻事件中所处的“新闻位置”(即中心人物、边缘人物、局内人物、局外人物、新闻素材提供人物、新闻素材佐证人物等)和临访心境。采访对象对“新闻位置”的认识如何，在采访中直接决定着加剧或减弱其情绪波动程度或心理活动内容的广泛程度及其接受采访意愿的积极程度。同时，采访对象由于工作、学习、生活、身体等因素引起的心境变化，会影响采访对象所有的体验和行动，以致直接影响采访活动的效果。

（二）从表现形式上划分

1.积极配合型

这类采访对象会积极按照记者的要求提供素材，显得十分主动热情。究其动机，或出于对新闻事业和记者工作的支持，或出于对本单位、本部门工作的需要，或为了能够名利双收、实现自我，或纯粹出于交友和求知的需要。

2.一般协作型

这类采访对象公事公办，不冷不热，对其进行采访的过程往往很平静，没有高潮。究其原因，这类采访对象或是认为记者要了解的事与己无关，出于礼貌与工作关系才接待一下；或可能对记者的作风及做法有看法，但因为是上级委派来的而不得不接待，表现出敷衍、漫不经心的态度。

3.蓄意应付型

这类采访对象根本不愿意接待记者，态度冷漠生硬，拒不回答或故意讲错，甚至与记者唇枪舌剑，挖苦嘲讽记者。究其原因，或可能是怕记者批评揭露，故力图掩饰自己的错误、劣迹与违法乱纪行为；或与记者早有矛盾，成见颇深，因而拒不配合。

世界上有专门从事采访职业的记者，却没有以接受记者采访为职业的专门的采访对象。因此，对于采访对象来说，记者总是一种突然闯入的客体，或多或少会影响与改变采访对象原有的心理状态及活动方式。虽然记者力图选择采访的最佳时机，采访时又千方百计地对采访对象倾心相待，但也难以保证每次都能与采访对象和睦相处、谈到一块儿。为此，记者在每次在采访前和访问中，均应对采访对象的基本情况与访问心理做一番研究，以便采访时能做到知己知彼，提高效率。①

① 刘海贵.新闻采访教程[M].上海：复旦大学出版社，2011：41.

第四节　借助网络传播

近年来,网络传播发展迅速,这既给传统媒体的生存和发展造成了威胁,也为其带来了新的发展机遇。我们应当在采访写作及编辑等业务层面建立有效的互动平台,让新旧媒体互相学习借鉴,在积极健康的竞争中,共同拓展各自的生存、发展空间。特别是传统媒体要以战略的眼光,充分借力网络传播的优势,使自己的相关业务水准有历史性的提升。

一、网络传播的含义

网络传播是以计算机通信网络为基础进行信息传递、交流和利用,从而达到其社会化传播目的的传播形式。网络传播融合了大众传播(单向)和人际传播(双向)的信息传播特征,总体上形成了一种散布式的网状传播结构,在这种传播结构中,任何一个网络都能够生产、发布信息,所有网络生产、发布的信息都能够以非线性的方式流入网络之中。

二、网络环境下新闻采编的新特点

(一)信息资源复杂多变

新闻采编工作的主要内容是采访新闻事件,采访的内容要有价值和意义。面对社会中的各种信息,如何获取高价值的信息资源,并对其最有意义和最有价值的部分进行科学的分析、处理,是新闻采访工作的重点与难点。采编人员对信息的编辑和筛选不能过于随意、不要盲目跟风,选取的素材要新颖、有价值,制作出来的新闻才有吸引力。所以,在新媒体时代,新闻采编人员要从大量的信息资源中找到价值高、有意义的信息,需要不断学习,及时掌握生活中的相关信息,同时应尽可能多地掌握媒介技术,加强信息的沟通和交流。

（二）创新新闻报道方式

在数字信息化时代，信息技术空前发达，传统的单一的新闻报道方式已被多元化的报道形式取代。网络技术支持下的各种大容量的存储方式，将各种安全可靠的、科学性强的新闻信息存储起来，便于相关的工作人员检索和利用。现代化的新闻报道方式为采编人员的信息搜集和新闻报道工作提供了更大的便利，增强了新闻报道的时效性，使信息能在第一时间传递给广大受众，满足了人们的信息需求。

（三）完善新闻采编的整合

融媒体的产生，改变了新闻编辑以往单一的编辑手段。网络的发展、科技的创新，令新闻编辑工作破了单一处理文字信息的模式。采编记者借助互联网、多媒体等各种平台，与广大的新闻受众进行沟通、交流，同时借助各种媒介技术整理、优化有价值的信息，最终完成新闻编辑工作。只有这样，才能保证新闻信息的真实性，提高新闻传播的时效性，充分体现新闻报道的社会价值和意义。

（四）拓宽新闻事件的传播途径

传统新闻报道模式比较单一，基本都是在一个特定的模式下进行的，其信息传播主要依赖媒体发布实现，这就使新闻传播的时效性和传播范围受到了限制。在融媒体背景下，新闻传播的途径发生了极大的变化，信息传播渠道越来越多，涉及的范围和领域越来越广。同时，借助网络技术，新闻信息的传播速度进一步加快了。新时代给新闻采编人员提出了更高的要求，如要求其具备过硬的专业技术，强大的辨别新闻信息价值的能力，了解、掌握与熟练操作各种媒介的能力等。

三、网络环境下对新闻采编的要求

（一）增强采编记者的选择能力

新闻采编记者不能随意选择新闻内容，传播的新闻信息必须符合国家的法律法规，不能损害国家利益。采编新闻信息要借助广大受众，信息的传播者和接收者要相互关联。新闻价值不能完全由传播者决定，但也不能完全受限于信息接收者，二者是相互促进和相互制约的关系，所以，新闻采编记者一定要不断增强新闻信息的选择能力。

(二)增强新闻价值的辨别能力

在网络化时代，传播渠道充斥着各种信息，借助网络，这些信息的传播速度惊人。如何在海量的信息中搜集有价值、有意义的信息作为新闻的主要内容，是新闻采编记者面临的巨大难题和挑战，也是考验每一位新闻采编记者能力的关键。新闻采编记者不能简单地转载别人的信息内容，要有创新能力，要能深入挖掘信息背后的新闻价值，并能对信息进行必要的深加工，采编的信息要体现新闻特色，才能提高新闻质量。因此，新闻采编记者必须具备信息辨别能力，要让同样的内容通过自己的编辑、整理，呈现出不同的质量和效果，提高媒体的竞争力和影响力。

(三)增强采编记者的策划能力

新闻采编记者的策划能力决定了新闻的质量，高水平的策划能大幅提高新闻质量。由于信息载体很多，不同媒体平台的信息不断对外传播，实现了信息资源共享。所以，要想提升媒体竞争力，就要不断增强新闻采编记者的策划能力。记者除了要对信息进行深度挖掘外，还要从不同角度对信息进行透彻的分析，使广大受众更容易理解信息的内容，以吸引更多的受众。增强新闻采编记者的策划能力不但能提高媒体的竞争力，还能促进新闻事业的发展。

四、增强网络传播的方法

(一)有效强化从网上获取新闻线索的意识

传统媒体在采访、写作等业务上虽然有着行之有效的传统方法和手段，但人工成本较高，且常显得势单力薄。随着网民的不断增加和微信、微博的发展，每个人都是信息的生产者和消费者，每个人都可能成为新闻线人和“自媒体”，他们通过网络论坛发帖、写博客和发微博，时刻都在提供大量且有价值的新闻资源。特别是呈蔓延式传播形态的微信和微博，传播速度快、范围广，其核心在于转发，无疑已成为传统媒体获取新闻线索的有效借力途径。因为微信、微博的特征之一是遵循“微”的原则，就决定了其信息披露有不完整、不充分的缺陷，所以，越来越多传统媒体的记者和编辑只将其作为新闻线索的来源，从中选择更有价值的信息，然后再通过自己的采写手段予以加工处理。这种从自媒体中挖掘新闻线索的做法应当成为现今新闻传播从业人员重点培养的意识，网络传播的迅猛发展，给传统媒体的新闻传播从业者带来的不仅是技术手段的更新，更要求其意识和理念也要有所提升。

(二)积极注入网络元素

相比较而言，网络语言个性突出，更具直观性、通俗性，若是运用得当，使网络语言符合汉语言的表达规范，就能使新闻报道的语言更加生动活泼，也常常能使新闻标题更加吸引眼球。近年来，包括党报在内的传统媒体为了使新闻报道更加贴近生活、贴近读者、贴近时代，在话语体系的建构上努力寻求突破和创新，甚至开始解放思想，大胆追逐潮流。如“给力”一词是通过网络走红的词，有“带劲儿”“促进”“有力道”等意思，2010 年 11 月 10 日，《人民日报》头版头条新闻《江苏给力文化强省》令人意想不到地用了“给力”一词，引起了很好的反响，近八成网民盛赞《人民日报》编辑的思想解放，感叹党报也“潮”了。香港著名媒体人杨锦麟在微博上也发表评论：“《人民日报》微笑了。”一时间，这则新闻标题引发了意味更加深长的“新闻”，读者普遍感到“给力”，“‘给力’登上《人民日报》头版”这一事件也被网友们评为当年的“十大文化事件”。当然，网络语言的运用应严格执行国家的语言政策，我们不仅要注重语言的创新，也要注重沟通的顺畅和表达的理性，应适度、适量运用和引用网络语言。新华社发布的《新华社新闻信息报道中的禁用词和慎用词(2016 年 7 月修订)》就规定了新闻媒体和网站应当禁用的 38 个不文明用语。①

(三)善于采用网络内容

在传统媒体的采编业务实践中已开始越来越多地吸收、整合网络传播内容以丰富自己的报道形式和内容，这已日益成为一种趋势。如 2011 年 5 月 6 日的上海《文汇报》，当日共出版了 12 个版，刊发新闻的版面为 5 个，在刊发的新华社的两篇长新闻中，均大量引用了网络内容，一篇为《杭州叫停“南宋皇城遗址上建豪宅”》，另一篇为《“醉驾入刑”真能管住酒杯？——网民聚集“醒(刑)酒”三问》。

---

① 媒体人必读：新华社新闻信息报道中的禁用词和慎用词(最新修订版)[EB/OL].(2017-07-19)[2017-11-30]. http://www.sohu.com/a/158343396_184317.

通常情况下，传统媒体采用网络内容主要有以下两种方式：

一种方式是引用网络内容作为自己稿件的新闻根据。这种方式先是引用网络资源作为新闻的开头，然后再将本报记者采集的相关事实陈述出来。

另一种方式是让纸质报纸与报纸的网络版同步报道新闻。如《中国青年报》设有“中青在线”(http://www.cyol.com)，网页右上角有“中国青年报 App”的链接，受众可以点击下载安装，App 内的新闻内容与纸质版报纸同步。例如，《中国青年报》2017 年 11 月 27 日第 10 版及 App 同步刊登了《郑州承诺对世界技能大赛金牌选手奖励 200 万》的报道：11 月 23 日，郑州市委市政府在郑州市会展中心举行了“智汇郑州”人才政策发布会。在发布会上，郑州市宣布对获得世界技能大赛金、银、铜牌和优胜奖的选手，分别给予 200 万元、50 万元、20 万元、10 万元奖励；对获得“中华技能大奖”“全国技术能手”和“中原技能大奖”的高技能人才，分别给予 200 万元、50 万元、20 万元奖励，提高了人才引进政策的“含金量”和吸引力。这则新闻迅速传播，通过这些背景材料的衬托，让受众对“智汇郑州”人才政策有了全面、客观、真实的了解。随着媒介融合的进一步发展，相信传统媒体和新兴媒体在传播内容的相互引用上会有更加广阔的前景。

▶本章小结

本章主要介绍了获取新闻线索的渠道、精心准备采访的类型和内容、采访对象访前的心理分类，以及充分利用网络传播的必要性和方法等。

▶关键术语

1.新闻线索。新闻线索是指可能成为新闻的或具有一定新闻价值的某种事实所传播的信息，也可以说是已经或者将要发生的新闻事实所发出的信号。

2.网络传播。网络传播是以计算机通信网络为基础进行信息传递、交流和利用，从而达到其社会化传播目的的传播形式。

▶思考与研讨题

1.如何获取新闻线索？

2.记者应如何精心准备采访？

3.采访对象的访前心理可分为几类?

4.网络传播对新闻采访有哪些影响?

▶延伸阅读

[1]秦力文.新闻线索[M].北京:华夏出版社,2012.

[2]郭娱.网络舆论的传播影响力[D].吉林大学,2017.

[3]杨勇.从控制角度看信息网络传播权定义的是与非[J].知识产权,2017(2):3-21.

[4]李楸,陈天宝.民生新闻采访中记者与采访对象之间的人际互动心理[J].新媒体研究,2016(6):102,115.

第六章　新闻采访的类型

▶章节大纲

1.新闻采访的一般形式及技巧；

2.面对面采访需要注意的问题；

3.面对面采访要掌握采访的主动权；

4.电话采访的特点；

5.邮件采访的特点；

6.体验式采访的特点。

▶章节内容

本章主要讲述了新闻采访的几种基本采访方式，包括面对面采访、电话采访、邮件采访、体验采访四种方式。

第一节　采访的类型

采访的类型有多种分类方法，按照采访渠道分，采访可以有面对面采访、视频采访、电话采访、电子邮件采访以及短信或者微信采访。每种采访形式都有其优劣之处，记者应根据具体的新闻事件选择合适的采访方式。

根据记者对采访对象的回答的控制程度，采访还可以分为高控制采访和低控制采访。在高控制采访中，记者有十分明确的采访目标，问题是已经设计好的，不需要采访对象过度发挥。例如，市政府通过一项民生政策，记者随机在街头进行拦截采访，询问市民对此政策的看法。低控制采访中，记者大体知道自己想要了解什么，但会给予采访对象发挥的空间，让采访对象多说，而自己作为倾听者，鼓励采访对象说下去。这种采访常见于人物专访，或者一些生活娱乐类的电视访谈节目。不过，大部分采访还是介于这两种类型之间。

按不同的媒体划分，采访可以分为文字消息采访、出镜出声采访、深度报道采访。文字消息采访多见于平面媒体，记者的主要目的是获取事实，采访时间不会太长；出镜出声采访是电视、广播常用的采访方式；深度报道采访既可能出现在平面媒体，也可能出现在广电媒体或网络，这类采访的主要目的是深层次地挖掘事件或人物。[①] 按照记者的报道目的以及采访态度，采访还可以分为中性采访、负面采访和隐性采访。

第二节　面对面采访

面对面采访是每一位新闻记者最常用到的一种采访方式。即便将要采访的是一件很小的事件新闻，如果能到现场，记者还是要尽可能到现场去，到现场遇到采访对象，和他们进行面对面的交谈，往往会发现不一样的新闻。

简单而言，面对面采访是指记者直接面对采访对象进行采访。中央电视台的水均益主持的《高端访谈》、王志主持的《面对面》等新闻节目，它们的形式就体现了当面采访的主要特点。一般说来，面对面采访可分为两种类型：一是记者与单个采访对象进行面对面的采访，即个别访问或一对一访问；二是记者与群体采访对象进行面对面的采访，这类采访通常被称作座谈会或一对多访问。其中个别访问是记者使用最为频繁的采访类型。

《光明日报》记者樊云芳把进行面对面采访的记者称为不露痕迹的“导演”。她曾说过：“当我提着文件夹，敲开一扇门，见到了自己的采访对象，并与他（她）一起坐下来交谈时，我明白，我应该是这场即将开始的谈话不露痕迹的‘导演’。这绝不是指要让对方说出迎合自己心意的话，而是指，我应该设法使对方乐意开口，并且使谈话始终围绕着自己想要了解的主题。”

---

① 李希光，等.新闻采访写作教程[M].北京：清华大学出版社，2011：415.

一、面对面采访是最常用的采访形式

面对面采访是每一位记者最常用到的采访形式。之所以这么说，有几个方面的原因：

首先，面对面采访可以令记者全方位地了解采访对象。多数时候，记者面对的采访对象对其而言都是一位陌生人，陌生人的长相、精神状态、说话时的动作等外在特征会让记者产生最直接的感觉，如果采访是在采访对象的工作环境中进行的，记者则可以直观地了解到采访对象的工作状态。

其次，面对面采访可以获得新的新闻线索，记者和采访对象见面的时候，会遇到很多意料之外的状况，其中也许就有记者在前期准备中并没有准备到的内容。

最后，通过面对面的直接交流对话，采访对象与记者均可以当面纠正语言失当之处，记者能得到比较准确的材料。

二、面对面采访需要预先策划

记者要预先进行采访策划，策划越仔细，在实际采访时就越自然，记者在令采访对象感到愉悦的同时，自己也会有所收获。记者在进行预先策划时，需要注意的一些原则如下：

第一，要在见到采访对象时再次解释采访目的，记者一定要把采访目的说清楚(尤其是在与对方首次交谈之后，采访目的已经发生了变化时)，这一点不容忽视，只有这样，采访才能向特定目标前进。有一些记者甚至发现，陈述采访目的是他们在采访中唯一被要求的“提问”，好的采访对象会自动陈述细节，满足记者的采访目的。

第二，要策划怎样和首次见面的人打招呼。记者应策划一些看上去微不足道但能够打破僵局的语言，以便开始采访。第一种方法是承认你很紧张；第二种方法是观察采访对象身上的一些特征并加以评论，记者可以好好地把采访对象打量一番，注意他们的服装或行为，注意他们讲话的方式、他们的口音，注意看他们是否穿了非常漂亮、独特或者是手工制作的衣服，并对你看到的这些特征加以评论。

第三，迅速记下需要用提问来涉及的话题，确定它们和你的采访目的一致，或者写下一些问题，尤其是要写下将要在打破僵局之后提出的第一个严肃的问题。

三、面对面采访需要注意的问题

在进行面对面采访时，有一系列需要注意的问题，也可说是要坚持的几个原则：

（一）坚持平等原则

坚持平等原则主要指记者在采访过程中要与采访对象保持人格上的平等。无论是达官贵人还是贩夫走卒，无论是暴发户还是阶下囚，只要他成为采访对象，记者就必须与之接触、交流。面对上层人士对其社会地位的尊重要求和普通百姓对其人格的尊重要求，记者在采访时坚持人格平等原则是最好的应对之策。西方记者不赞成与采访对象成为朋友，其理由是朋友之间的采访将有失报道的客观性，这不无道理。客观报道的另一层含义就是要保持中立和独立，否则报道的真实性将要打折扣。因此，记者要想使自己的报道经得起历史的考验，坚持平等原则就成了最起码的要求。面对社会上层人士，包括党政领导干部和其他社会精英，记者应当不卑不亢，同时也要使自己的采访活动得到对方的尊重。

采访普通百姓时，记者应当较多地体现人文关怀。美国著名记者埃德温·埃默里和迈克尔·埃默里父子在《美国新闻史》一书中曾批评一些记者说，物质的满足带来了他们良心的消减。原本民众对记者是满怀敬意的，是期望记者能为他们说些公道话的，即使你不能保护他们，也不能去伤害他们，不能在心理上伤害他们。八年前浙江的一次民意调查显示，在其中一项“你最反感的十种人”中，记者排在了第三位。如果记者在采访中像政治指导员一样对民众指手画脚，或者像警察一样只把他们当作材料的提供者，连他们的疾苦都不曾过问一声，那么又怎么期望能获得采访对象的尊重呢？

（二）区别对待原则

记者当面采访时面对的是不同的对象，所处的是不同的环境，采访的是不同的事物，没有一成不变的采访模式，应从具体对象出发，根据采访主题的需要灵活地采用不同的方法。采访领导干部，可能是在他的办公室，也可能是在会议厅，或者是趁他到基层现场办公时跟去现场；到工厂采访，仅仅听厂长经理讲是不够的，也要采访工人；采访农民，也许在打麦场，也许在餐桌边，甚至在他们看戏回家的路上。如此来说，记者对不同的采访对象进行面对面采访，就应该采取不同的采访方法。比如对领导干部或企业负责人，记者的提问应该开门见山；而对普通工人或农民，则要谦虚谨慎，从服饰打扮到语气、动作，都要掌握分寸，如果记者打心里瞧不起他们，他们自然会退避三舍。作家矫健希望记者要像给自己的父母写信一样写新闻，采访基层民众时，也应该像面对自己的父老乡亲一样，抱一份感恩，持一份敬意。

四、面对面采访要掌握采访的主动权

新闻采访往往目标清晰、目的性极强，但是新闻采访工作并非一项只要按部就班地照章执行就可以顺利达成采访目标的活动，采访中的困难更多地来自如何掌握好新闻采访的主动权。在新闻采访中记者会面临各种各样的情境，比如采访对象不愿意接受采访、采访群体杂乱、新闻素材错综复杂等，当这些情况出现的时候，记者要抓住新闻采访的主动权，进行有效采访。比如说，在采访的过程中，采访对象的谈话内容一直离采访主题很远，这个时候，记者就要运用采访的主动权，将采访对象的谈话内容拉回到新闻采访的主题上来。对于如何掌握新闻采访的主动权，记者可从以下几个方面来思考：

第一，主动出击。在进行一次新闻采访的时候，采访者遭到采访对象拒绝是时有发生的情况。如果被拒绝就放弃采访，往往会与一条好新闻擦身而过，这个时候，记者可以采取主动出击的方式来获得采访的主动权。简而言之，记者应针对不同的人群及其心理特点，用激将法将问题说出来，刺激受访者正面辩驳，从而达到采访目的，而不是求着采访对象接受采访。求着采访对象接受采访的时候，往往会达不到采访的目的。正面提问、主动采访有时能够解决很多采访难题，也能够收获很多意想不到的采访结果。

第二，旁敲侧击。资深的新闻记者一般都会遇到这样的情景：多次出访都采访不到要采访的第一人物，这个时候，可以从第一人物的生活周边和工作周边入手，进行相关人物的采访，比如说可以采访第一人物工作单位的领导、同事，或其生活中的邻居、朋友等，从不同的侧面去间接获取采访对象的真实资料，不断丰满采访对象的形象，从而达到新闻采访的最终目的。

第三，控制采访对象的主动权。无论是一对一还是一对多，无论是计划采访还是意外采访，记者对采访对象的控制都是十分必要的。对采访对象的控制有两层含义：一是对象选择的主动权，二是对象人数的控制权。由于有的采访对象已经预先知道采访内容，他们会从有利于自己的角度出发做出自己的选择。比如采访家庭纠纷，主人会把不相干的家庭成员赶走，甚至会游说邻居提供有利于自己的证言。采访某一单位，该单位领导会事先选好对象，甚至统一口径对付记者。这时记者要保持清醒的头脑，自己选择采访对象。记者的采访活动就是“证实”和“证伪”的过程，记者可以从对方提供的其他采访对象口中证实其中的部分事实，也可以从自己选择的采访对象口中证伪部分事实。还有一种情况是，愿意向记者反映真实情况的采访对象既不愿与其他采访对象一起座谈，又不愿记者只采访自己一个人。因为如果参加座谈，他不愿意让别人听到他的真实想法，担心别人张扬出去，于己不利；如果记者只采访他一个人，那么写出来的报道都是他一个人的想法，可能会被人顺藤摸瓜，找上门来刁难。所以，遇到这种情况时，记者不妨分头多找几个人进行个别采访，以缓解单独接受采访的采访对象的疑虑。当然，多听听其他人的看法对记者大有好处。英国广播公司有一条采访准则是：未被两个以上采访对象证实的消息不是真实的新闻。该准则没有明确的保护采访对象的意思，却达到了保护采访对象的目的，当然，记者也会由此得到可靠的新闻。

关于掌握采访的主动权，有时，记者遇到的采访对象热情洋溢，滔滔不绝，但答非所问，离题万里。在这种情况下，为尊重采访对象，记者不宜一次次打断他的讲话，但要想办法巧妙地把话题引回自己所选定的“轨道”，以免使采访变成漫无边际、一无所获的聊天。

这时，可以试试运用“方向盘”式的采访方式引导采访对象：

但如果谈话一再离开“轨道”，当采访对象表现出对与采访主题不相关的话题具有特殊的兴趣时，记者就要考虑自己原来选择的主题是否恰当。常常会发生这样的情况：记者由于受到采访对象的“启发”，突然发现了一个新的、更为深刻与贴切的主题。

第三节　电话采访

电话采访是今天还在经常运用的一种采访方式。记者总会遇到无法进行面对面采访的现实情况。比如，遇到采访对象时间较紧、距离较远，而记者又需要快速获得相关事实的情况，就可以进行电话采访。这种采访方式和其他的采访方式相结合，经常能够带来精彩的新闻报道。

我们常说，记者只有深入现场、身临其境才能了解事实，这是因为，记者在进行现场采访或面对面采访时，往往会通过用眼睛看、用耳朵听、用脑子想这些手段去加深对某一事物或某个人的了解，记者只有综合运用这些手段，才会提高判断的可靠性，才能更接近真相。而电话采访缺少了用眼睛看的环节，和现场采访相比，记者在电话采访时只能听到对方的声音，只能通过声音来判断对方的情绪和性格特点等。

美国人亚历山大·格雷厄姆·贝尔于 1876 年发明了电话，而最早将电话用于新闻采访中的却是美国《纽约时报》的编辑主任范安达，但他没有将其直接用于采访新闻事件的相关人士，而是通过电话将采访人员在现场采集的信息实时传递到了报社。

1912 年 4 月，英国豪华游轮泰坦尼克号从英国驶往美国途中，不幸触撞冰山沉没，造成1,000多人遇难，成为震惊全世界的大新闻。范安达知道此新闻事件的重要性，为了迅速报道该事件，他架设了四条直通《纽约时报》新闻编辑室的电话线，实时了解事件的进展并将消息发回报社，从而成功地报道了泰坦尼克号失事的独家消息。

追踪电话采访的源起，始于广播与报纸相互竞争新闻的最初阶段。最早真正把电话用于我们现今所说的电话采访之中的是 NBC 的记者谢克特。在 1933 年 4 月之前，美国报界免费向广播公司提供新闻，而随着广播的兴起，新闻的市场份额不断被瓜分，广播逐渐成为报纸的竞争对手。于是，美国报刊发行人协会决定不再向广播公司提供新闻。

因此，在这个阶段，电话在采访中的意义是它直接打破了时空的障碍以及极大地提高了新闻的时效性，使得新闻工作人员之间可以及时了解新闻事件、传递新闻信息，并利用电话对事件的相关人士进行采访，不再因地理空间、时间时差的束缚而影响新闻信息的时效性。

一、电话采访的特点

电话采访有以下四个特点：

(一)节省时间

有时候截稿时间紧迫，记者来不及按部就班地寻找采访对象，或者面对一篇新闻综述报道，记者需要找多个采访对象了解情况，这时电话采访的优势就凸显出来了。记者只须坐在办公室里，就可以通过电话进行采访。如果记者在一天之内马不停蹄地走访，至多能采访几十人，而用电话采访就不同了，一天甚至能采访上百人。

（二）跨越空间

电话采访不像面对面采访那样受空间限制。遇到采访对象在异地，时间和经费都不允许记者前去采访的情况，最简便的方法就是拨通电话。不管采访对象身在何处，电话一通，天涯近在咫尺，甚至可以说，记者与采访对象的距离越远，节省的时间就越多。电话采访不仅节省了时间，同样节省了差旅费，大大降低了采访成本，提高了工作效率。甚至有时候，电话采访在某些特殊场合还是记者唯一的采访方式。

2001 年 3 月 10 日，美国“发现号”航天飞机与国际空间站成功对接。16 日中午，国际空间站上的 10 名宇航员与位于莫斯科郊区的俄罗斯地面飞行控制中心通电话，接受了各国记者的采访。各国记者面对从空间站上同步传回的画面，通过电话采访了宇航员们，了解了宇航员们在空间站的生活工作情况。这是人类首次通过电话向远在地球外的宇航员进行采访。①

（三）现场同步

由于电话采访是同步的，记者在接听电话的时候，能在交流的过程中感受到对方所处的环境，在获得新闻的同时，也获得了新闻背景信息。电话采访的同步性有助于真实地还原新闻事件现场的情况。

（四）不够精细

在美国，新闻界对电话采访有一个形象的比喻：“麦当劳式采访。”众所周知，麦当劳提供的是方便、简单、程式化的快餐食品，将电话采访比拟为快餐式采访，形象地说明了这种采访方式的优劣：在方便快捷的同时，也存在着采访不细致、不深入、流程化等缺陷。

二、适合电话采访的情况

（一）突发事件快速报道

在全球化的今天，各地发生的重大事件，特别是灾难事件往往举世瞩目，是各国媒

① 电话采访国际空间站上宇航员[EB/OL].(2001-03-17)[2017-08-09].http://news.eastday.com/epublish/gb/paper177/1/class017700006/hwz339580.htm.

体记者共同关注的新闻。随着报道疆域的扩大，记者不可能都在新闻发生的第一时间赶赴现场。

为了尽快报道突发事件，记者可以通过电话采访事发现场周围的知情人，证实新闻是否属实及其准确与否，先及时地把新闻报道出去，随后再赶赴现场详细采访。这样安排采访报道既保证了新闻的时效性，又照顾到了新闻的精确性，是记者在突发事件报道时很好的选择。

电话采访要注意选择采访对象，选择更具权威的知情人、参与者、目击者，这样才能更接近真相。电话采访是一种间接采访，记者避免偏听偏信最简单的方法，就是多选择几个采访对象，从不同人的不同视角切入，全面、准确地进行报道。

（二）补充采访核对事实

读者看过新闻要素残缺不全、细节不详细、新闻发生原因不明的报道后，需要更详细地了解新闻发生的原因，获得更多与新闻相关的背景材料。这时候，记者必须通过补充采访更详细地了解情况。由于是对已知新闻进行补充采访，记者的采访目的通常比较明确：补充新闻要素、增加细节和新闻背景、核对传闻的准确性、回答读者关心的问题。这种目的明确的采访，只须由记者向采访对象提出要求，采访对象明确地回答问题就可以完成。

记者在补充事实和核对事实的过程中应该注意寻找不同的声音，让读者从不同的声音里做出自己的正确判断。记者要想在有效的时间里了解更多的新闻背景情况，应该选择专家学者作为采访对象，他们要比现场记者拥有更多的资料，以及更多独特的观点。而且电话采访专家学者时寻找他们的电话号码也相对容易，应该首先选择这些最易联系到的采访对象。

2003年3月20日，美伊战争爆发，这也预示着一场新闻报道的持久战拉开了序幕。为了每天都能让公众详细地了解战况，3月5日北京时间17时30分左右（伊拉克当地时间12时30分左右），中国国际广播电台记者拨通了在巴格达的朋友法蒂玛小姐的电话，了解了她及巴格达百姓的最新情况。

通过电话，法蒂玛告诉中国听众，她现在待在一个没有窗户的房间里，头顶上正响着“鞭炮”声。过去4天，空袭一天比一天猛烈。正说着，记者就从电话里听到两声巨响，很像爆炸，当记者问对方那声音是不是爆炸时，法蒂玛在电话那头说“是”，并告诉记者："而且离我们很近，大约只有100米。我父亲刚刚在那儿的店里买过东西。空袭的时候我们还是很紧张的，空袭一过，孩子们照样到街上去玩耍，照样踢足球。大人们也有自己的事情，男人们去咖啡馆谈论国家大事，女人做家务，打扫房间啦，烧饭啦，还都忙着做些面包之类的食品，让男人们拿给街上的士兵吃。"

当记者问法蒂玛小姐，萨达姆发表电视讲话后，你周围的百姓有什么反应时，法蒂玛说："大家感到很放心。因为前两天有人造谣说，我们的总统受伤了或者不在了，今天总统发表了讲话，坚定了我们的决心和意志，我们更坚强了。大家意识到自己是伊拉克的儿女，保卫祖国是大家的头等大事。"

记者还在电话里向法蒂玛核对了一些道听途书的消息，例如："西方媒体报道说，美英联军已经包围了伊拉克第二大城市巴士拉，而且基本上控制了这一港口城市，从你了解的情况看，这是真的吗？"法蒂玛证实道："我也从西方的广播中听到了这样的说法。但我告诉你，巴士拉还在我们手中，伊拉克士兵还在乌姆盖斯尔与他们（美英联军）激战，那里离巴士拉城还很远，他们是进不了城的。"①

(三)热点话题搜集反应

电话采访非常适用于话题类采访。因为话题类采访是就一个受众关心的热点话题，征求不同人的不同反映和意见。为了充分听取方方面面的反映，记者的采访一般会比较分散，即使采访以两三个人为主，比如选择持不同观点或意见的专家或权威人士作为采访对象，记者还是要再听听其他专家学者甚至百姓的不同的意见，这样有关话题的报道才能全面、公正、客观。

一般人不大会拒绝在电话里就某件事或某个话题发表自己的看法、说出自己的观点。被访者有可能不允许记者公开透露自己的真实姓名，或不允许直接引用他的原话，但一般都会允许记者引用他的观点。

如果记者只是想就某个热点话题搜集各方反映、统计一些数据，并不想深入讨论该问题，电话采访就是再好不过的选择。记者在采访时可以设定一两个问题，就同一

① 新闻采访学(11)电话采访[EB/OL].(2015-03-08)[2017-08-09].http://www.doc88.com/p－8052332613854.html.

个问题电话采访若干人士；也可以设定不同的问题，分别电话采访若干人士。这种采访的目的在于广泛听取意见，再将这些意见客观地报道出来，这种报道等于把评判权交给了读者和观众。比如，国家出台新的政策、法规，有人拥护，有人反对，记者就不同看法可以用电话采访各界人士和普通百姓，听听拥护的人怎么说，反对的人又怎么说，然后不加评论地报道出两方观点，让读者自己评判。

还有一些敏感话题，像公款吃喝等社会问题的讨论，一些当事人怕被熟人误解，或被坏人报复，不愿以公开身份谈论这类话题，更不肯接受记者的面对面采访。遇到这种情况，记者就可以选择电话这种不公开采访对象身份的方式进行采访，让采访对象在电话里畅所欲言，发表自己的观点。

此外，针对热点话题搜集群众反应的电话采访，记者工作的重点是"找人"。借助电话采访搜集群众的反应这种方式还被广泛用于民意调查中。电话抽样调查是记者收集群众意见、积累资料、写综述新闻和调查报告等报道的辅助采访手段。

（四）咨询专家释疑解惑

热点话题的报道一旦受到公众关注，就会有读者通过来信表达意见，待时机成熟，媒体会拿出版面、专栏就热点话题展开讨论。众说纷纭、观点不一的讨论总要有个结论才能令读者满意，这个结论应当由谁说出来？公众当然想听取权威人士的解释。

400多年前，法国的诺查丹玛斯写了一本叫《大预言》的书，其中提到1999年地球将出现大劫难。到了20世纪70年代，日本人五岛勉对这本书进行了解释，说在1999年8月18日，太阳、月亮和九大行星将组成一个十字架的形状，并称这种"恐怖大十字"将给地球带来毁灭性的灾难。地球会不会有灾难？听了日本学者的推断后，世人陷入恐慌。要想消除公众的恐慌心理，唯有咨询更权威的专家，才能达到释疑解惑的目的。

在恐怖日来临之际，新华社记者发表了一篇《"天体大十字"预言宣告破产》的评述性消息，这篇消息是通过电话采访的。记者通过越洋电话采访到了法国里昂天文台专家鲁特利和英国阿马天文台台长马克·贝利教授，以及美国世界观察研究所的新闻官玛丽·科伦；记者还通过国内长途电话采访了我国南京紫金山天文台台长严峻和北京天文台副台长赵刚。消息引用了各位科学家的观测和分析，并将他们的看法组合在一起，有力地证实了1999年8月18日这一天世界各地并不会发生特殊的天文现象，更不会发生地球毁灭这样的大劫难。“天体大十字”这一“末世论”不攻自破。[①]

三、不适宜电话采访的情况

有三类报道不宜采用电话采访：人物特写、批评报道和深度报道。

(一)为什么不宜用电话采访新闻人物

记者在电话采访不太了解或者根本不认识的采访对象时有许多局限，比如看不到对方的表情，只能通过声音、语气猜测采访对象的某些反应。如果记者仅凭电话采访去写这个人物的报道，其中必然会夹杂很多记者的主观推测，而这是与新闻最基本的真实原则不符的。

另外，人物特写还需要在文章中适当地运用描写，人物说话时的表情、手势、动作，甚至穿着打扮都反映着一个人的内心世界和文化修养，失去与采访对象的直接接触，记者不能全面地认识采访对象，所以仅仅通过一两次电话采访就去写这个人是会有偏差的。

与面对面采访相比较，电话采访阻碍了人与人之间的情感交流，记者很难挖掘到人物的内心世界，这样的人物采访就没有魂儿，没有魂儿的人物是平面化的，不够生动。

(二)为什么不宜用电话采访作批评报道

电话采访的致命缺陷是真实性和可信度往往不好把握。电话采访没有视觉参与，记者与采访对象如果互不相识，很难确定采访对象的真实身份，因此在使用的时候必须谨慎。

另外，电话采访也很难确定采访对象反映的事实是真是假。许多时候，采访对象为了逃避罪责会选择说假话，或为了保护自己的利益而不说对自己不利的话，记者在

---

① 刘保全.雕琢出精品——评《“天体大十字”预言宣告破产》[J].新闻实践，2000(9)：34-35.

电话采访时看不到对方的表情,无法判断虚实,如果以这些话为依据写报道,就很容易写出失真的报道。批评报道如果失真,记者就很容易成为被告。

(三)为什么不宜用电话采访作深度报道

新闻事件发生时,记者不到现场,没有亲眼看见、亲身感受现场的气氛,就不能综合地、立体地思考问题,也就不能进行深度报道。

电话采访相较面对面采访也不够正式,所以记者用电话很难做长时间的、较深入的采访。记者可以把电话采访当作深度报道采访的辅助手段,在亲身到现场感受过以后,通过电话采访补充采访一些新闻背景。记者也可以在电话采访新闻知情人后,说服他们进行面谈,或允许记者到现场核实情况。

另外,记者要想进行深度报道和系列报道,仅通过电话进行采访是很难完成的。在深度报道中,电话采访只是寻找新闻线索和广泛了解情况的辅助方式,记者应更多地采用面对面采访的形式与采访对象深入交谈,或者视觉采访、暗访、体验式采访等多种采访方式并用,以便于记者全方位、立体化地掌握新闻素材。

四、电话采访的具体要求

具体而言,电话采访通常要注意以下四方面问题,即要打电话先下功夫、采访问题简单易答、引导对方口出妙语、核实新闻重要元素。

(一)要打电话先下功夫

电话采访要达到好的效果,记者首先要尽可能多地掌握方方面面的电话号码。记者掌握的电话号码少,在选择采用电话采访的方式进行采访时,会给其造成不便,明明知道那个地方发生了重要事件,但若不知道急需找的人的电话号码,就不能拨打电话进行采访。所以,记者平常的重要工作之一就是搜集相关的电话号码,以便需要时及时拨打。

记者如果以为电话采访是最省事儿的采访方式,那就大错特错了,电话采访的准备工作并不省事儿。首先,要采访的人的电话号码不易获得;其次,即使费尽心机找到了采访对象的电话号码,可能还会发生意料不到的事情,导致采访失败。

电话采访可以使记者迅速接近通过其他方式很难采访到的人,但这种采访方式对记者的要求很高。采访对象看不见记者，只能在电话中听到记者的声音和问题，怎么让对方信任记者、怎么让谈话保持融洽的气氛、怎么避免冷场，都是记者要面对的问题。在电话采访中，双方的交谈一旦出现沉默，采访对象可能会立即结束谈话。记者既要有源源不断的问题，又不能让对采访对象感觉这些问题在电话里很难说清楚。电话采访时间不宜太长，时间太短问题又谈不透，凡此种种，任何一点记者没有事先考虑到，都会影响采访效果。

所以，记者在电话采访前一定要认真准备，尽量将该想到的事都想到，必要时还应先将纸、笔、参考材料、准备的问题放在手边，再拨打电话进行采访。

（二）采访问题简单易答

一次成功的电话采访除了要求记者在采访前充分准备、打电话时注意礼貌外，关键还要看记者设计的问题是否恰当。由于记者与采访对象彼此看不见，记者只能单纯地通过提问进行采访，因此，采访问题的设计就显得尤为重要。

记者在进行电话采访时不宜提太大的问题，太大的问题容易让对方不知道从哪里讲起，又看不见记者的反应，不知道自己说的记者是否真的听明白了，从而影响采访效果。

记者在进行电话采访不要提暗示性的问题，在缺乏交流的情况下，暗示性的问题很容易造成误会，让采访对象误解或怀疑记者的采访动机。

电话采访不要提过于轻率的问题。电话采访也是一次采访，也要让对方加以重视，轻率的问题容易让对方降低对这次采访的重视程度，以为这只是一次随意性的电话聊天。

电话采访不要提过多的外行问题。如果记者在采访专业人士时提的问题过于外行，采访对象需要用很多术语来解释记者不懂的问题，每个专业词汇要解释说明，谈话会变得断断续续，采访对象可能很快就想结束谈话。

如果记者想在电话采访的过程中提出较为尖锐的问题，最好将这个问题放在采访的最后。一上来就提一些尖锐的问题，采访对象很可能会竭力辩解，容易打乱记者的整个采访计划。

（三）引导对方口出妙语

一般来说，一问一答式的采访，回答问题的一方都比较机械，电话采访留给回答问题一方思考的时间更是有限，所以回答问题的人的语言很容易刻板乏味，记者应该努力引导对方说出精彩的话语。要达到这一效果，记者就不要把电话采访变成收集材料的采访。材料可以从图书馆获取，电话采访是为了补充富有人情的活材料，这种活材料的特点在于采访对象的口语化表述。如果采访对象刻板地用书面语回答问题，采访就失去了意义，与查资料无异。记者应该想办法让采访对象多用比喻，形象化地表达思想，并引导对方口出妙语。

(四)核实新闻重要元素

电话采访时，线路有杂音或对方有口音，都会对记者构成障碍，统计数字和地址也很容易听错，因此记者在电话采访时要格外小心，要精力集中，不能听漏信息，特别是不要遗漏重要信息。

没有经验的记者在电话采访时，注意力往往集中在怎么能延长谈话时间上，怕出现冷场、怕别人在没有回答完自己全部问题前就结束谈话。由于紧张，记者往往会在匆忙中忽略一些重要的新闻元素，等到事后整理材料动笔写作时，才发现要了解的姓名，地名，时间，数字，新闻人物的职务、职称等信息不是记录有误，就是没问清楚。

五、运用电话采访的注意事项

记者在电话采访时要注意以下三点：

一是提前做好电话采访的提纲。记者千万不能在电话采访中漫无边际地提问，这样既浪费双方的时间，也浪费电话费。在信息时代，人们的时间观念越来越强，如果事先不做好明确的采访提纲，被采访者既会对这次采访失去兴趣，也会对记者的职业形成负面印象。

二是要做到准确无误，记者应尽量做到在采访对象同意的情况下对电话采访进行录音。编辑部的座机电话一般都有录音功能，记者应在争取对方同意的情况下开通录音键，以防漏听、听错和有闪失。同时，不要忘了核实信息，汉字有同音不同字，或是一字、一词有着多种含义的情况，这种情况在电话采访时经常会遇到，因此，记者不要太相信自己的耳朵和凭听力而记下的东西，要随时与对方确认，这既是对对方的尊重，也是确保采访真实无误的方式。记者应多追问一句："是这个字吗？"或者："你说的是这个样子吗？"要确保信息清楚、准确、明白，尤其是在搜集重要的信息时，要进行必要的重复提问,以确认信息无误。

三是要突出主题,抓住要害问题提问。记者在向对方交代对方自己的采访意图之后,应直奔主题,简明扼要地发问或咨询,了解相关的信息。当对方跑题时,记者要及时把问题拉回来。有时候,被采访者会跑题,记者要学会迅速回归原来要采访的重要问题,不能听任对方漫谈。

第四节　邮件采访

信息时代,电子邮件这种采访方式开始越来越多地被记者所采用。由于工作节奏加快,有时记者联系的采访对象抽不出时间来接受访问,而采访又拖不得,这时,利用电子邮件事先沟通选题、提出采访问题,是一个很实用的方法。

一次,上海社科院向社会公开招聘院长,德国的一位专家应聘了这个职位。新华社记者获取这个新闻线索后,立即着手进行采访。由于一下子找不到这位德国专家的电话号码和联系方式,记者便通过电子邮件与他取得了联系,并附上了自己的采访问题,很快,记者便得到了对方的答复,采访出了第一篇报道。

之后,上海方面要举办应聘者就职仪式,记者要发一篇现场报道,选择的采访地点在虹桥机场,由于发稿时间限制,急须获得德国专家的照片,而此时的专家正在赶往上海的飞机上。记者也是通过电子邮件与她在德国的女儿取得了联系,传回了一张照片,并通过电子邮件采访了专家的家人对此事的看法。这篇报道成了独家新闻。

在一些重大事件的采访中,邮件采访甚至比其他采访形式更有效。邮件采访虽然不是以记者的名义进行的一对一采访,却是以编辑部的名义公开进行的新闻采访。名人、专家往往更喜欢接受邮件采访,他们多半会要求记者先将采访提纲以邮件的方式发送过去,有了采访提纲,对方回答问题时就会有的放矢。

一、邮件采访的特点

邮件采访是指记者通过书面文字向采访对象提问并得到对方书面答复的采访形式。邮件采访是记者从所准备的大量材料中提取相应的内容,作为提问的问题,以书面文字的形式传递给采访对象进行的采访。

邮件采访一般以书信交流的形式进行。这种书信交流可以通过邮局投递信件，也可以发送传真、电子邮件，还可以通过他人代转信件。

根据采访的形式，邮件采访的特点可概括为以下四个方面：

(一)拓宽采访范围

电子邮件刚开始流行时并没有引起新闻界太多关注，因为很少有记者敢于公开挑战传统的采访手段。到 20 世纪 80 年代中期，随着网络技术的完善和个人电脑的普及，电子邮件开始被新闻记者用在新闻采访中，并迅速成为传统采访手段的辅助手段。2002 年，福布斯中国 100 富豪榜公布后引发争议，《羊城晚报》记者通过福布斯英文网页提供的邮件地址，向杂志负责人提出质疑，很快得到了对方的电子邮件回复。于是，发布了报道《美〈福布斯〉就“中国富豪榜”回应越洋采访》的那一期《羊城晚报》一时间“洛阳纸贵”。如今，邮件采访已经成为全球新闻实践的重要手段。1996 年，《西雅图时报》记者黛博拉·纳尔逊收到一封邮件，邮件称，一位印第安部落官员挪用了 250 万美元联邦专项资金建造豪华私家别墅，纳尔逊就此展开追踪调查，揭开了住房专项资金管理方面的丑闻。这一报道荣膺 1997 年普利策调查性报道奖，这也是历史上首次主要通过邮件采访而获奖的新闻报道。

纳尔逊是传统报纸的资深记者，也是网络时代的幸运儿。他在总结采访体会时认为，在完成第一次面对面次采访后，接受采访的高级官员非常乐意通过电子邮件接受采访，因为他们工作非常忙碌，多次进行现场和电话采访显然不现实，而通过电子邮件进行采访却非常顺畅方便。

电子邮件采访如今已成为流行的采访手段，它克服了热线电话采访需要双方即时思考的弊端，得到的信息和思想是采访对象经过深思熟虑的。电子邮件采访还拓宽了采访的范围，通过这种采访方式可以采访那些语言表达能力和听力都不太好的人，或者那些不容易通过电话联系上的人。①

(二)时间充足

邮件采访一般属于计划内采访，给记者留有比较充足的时间。作为采访对象，对记者提出的问题，邮件采访也令其有比较充裕的时间进行答复。特别是一些珍惜时间

---

① 梅茨勒.创造性的采访[M].李丽颖，译.北京：中国人民大学出版社，2004：141.

的政府要员和科学家，他们宁可接受邮件采访，而不愿意与记者当面周旋，以免浪费宝贵的时间。

（三）提问更加理性

与面对面采访和其他形式采访相比，邮件采访的主客体双方更加理性。尤其是记者，在进行邮件采访时会反复斟酌以下问题：

（1）我的提问方式对方是否能够接受？

（2）我的问题对方能否给出满意的答案？

（3）如何才能刺激对方乐意答复我的问题？

（4）希望对方以什么样的方式答复我？

（5）我以什么样的书面形式向对方传递采访问题？

（四）答复比较精确

由于有比较充沛的时间，如果能得到记者的充分尊重，采访对象一般会郑重其事地回答记者的提问。而且，考虑到是以邮件形式回答，他对自己的答复会逐字逐句地斟酌。即便是有些采访对象在答复中有所隐瞒和回避，也会尽量做到能够自圆其说，以免给记者留下把柄。

（五）资料可靠

记者在进行邮件采访时，会对采访对象提出更严格的要求，他不但会要求对方回答问题时要更准确，而且常常会要求对方提供能证明其回答准确性的相关资料。

比如，科学家有了新的发现，那么他是用什么标准来衡量他的观点的？他的观点对所在学科有什么影响？有没有与此相反的观点？对于以上问题，记者应该要求对方提供最新的书面资料。同时，记者也有较充裕的时间从其他渠道获得这类资料。

二、邮件采访的注意事项

邮件采访能克服电话采访的某些弊端，但同样也带来了一些新问题。因为邮件采访的信息是经过思考的、非自然的真实交谈，是经过加工和过滤的信息，不像现场采访那样还可以通过被访者的表情、语气等判断信息的可靠性和真伪。有人总结认为，邮件采访存在的主要缺陷是书面的东西往往太正式，难以产生面对面交流才能产生的融洽气氛，记者很难控制谈话的过程，也看不到被访者非语言的，但能传达感情的神情举止，并且不能确定对方身份的真实性。[①]

因此，传统媒体的记者始终认为，现场采访和电话采访与邮件采访相比具有不可替代的优势，一些编辑最大的担心是邮件采访培养了记者的懒惰和使用不可靠的信息来源等坏习惯。身兼调查报道资深记者和编辑的布兰特·休斯顿说，如果记者从未见过被访者本人，或是根本不知道对方是谁，邮件采访是存在风险的。美国新闻学会主席史蒂夫·巴特利认为，虽然邮件采访有其自身的缺陷，但一概否定其作用也不是明智之举。这方面不少记者的做法值得借鉴，即通过邮件采访获取新闻线索，再通过邮件采访来验证新闻信息的真实性，最后通过电话或现场采访完成新闻报道。《华盛顿邮报》的知名记者伊兰·缪一就是用这个思路完成了多篇报道的。她的经验是：一些被访者更善于通过书面文字而不是口头表达思想，虽然传统的采访方式是可靠的，邮件采访却有其不可替代的作用。

然而，现在的记者大多不喜欢使用邮件采访的形式，因为邮件采访有其先天的缺陷，其中最主要的缺陷是缺乏时效性。留给记者写报道的时间充足固然是邮件采访的优势，但对于分秒必争的新闻来讲，这点优势几乎是微不足道的，因此邮件采访只有在记者万般无奈或特殊的情况下才被使用。邮件采访的另一个缺陷是采访双方无法面对面直接交流，这会影响采访时双方的观点碰撞和相互辩驳。邮件采访的第三个缺陷是不可预知性，记者下大力气准备的问题通过邮件发出去后，对方是否答复，很难预料。

三、邮件采访的主要环节

记者在进行邮件采访时要注意把握以下几个环节：

首先，要准备一封正式函件。

现在的新闻媒体都有自己印制的精美公函，有些记者为了郑重其事，采访时还会专门携带印有自己的单位、姓名、职衔、通信地址、电话号码的便函。记者在进行邮件采访时，要给采访对象发一封正式函件，函件的内容应包括以下几点：

(1)自我介绍。

(2)说明采访意图。为什么要采访对方而不采访别人？为什么要通过邮件采访而不采用其他方式？

---

① 梅茨勒.创造性的采访[M].李丽颖，译.中国人民大学出版社，2004:142.

(3)列出要采访的问题。问题要精心设计,提问宜明确具体,问题的数量不宜过多或过少。

(4)给定答复期限。一般原则是越快越好,但要留给对方思考和准备的时间。

(5)确定回复方式。是信函还是传真或其他方式?一般要求对方回复传真或电子文档。

其次,记者可以准备好自己的名片,在采访时向对方出示,以表明身份且方便采访对象与自己联系。

再次,记者可以准备几篇发表过的代表作品复印件。这主要是为了证明记者的采写能力,让对方愿意接受采访。

最后,记者应向采访对象正式致谢。邮件采访结束后,记者在得到对方对采访问题的答复后,一定要给对方复信表达谢意。

第五节　体验式采访

体验式采访又叫参与式采访。有人把体验式采访等同于隐性采访,这种说法是不严谨的。隐性采访是不公开记者身份的采访,体验式采访则不一定隐藏记者的身份。体验式采访分为显性和隐性两类。显性的体验式采访,记者体验的是采访对象的角色;而隐性的体验式采访,记者体验的是和采访对象相对的角色,如传销中的"下线"、买卖中的顾客等。

《人民日报》1997 年开设的专栏《体验三百六十行》就是记者体验式采访的范例。1994 年 1 月 1 日《北京青年报》在全国报刊界率先以每周一期的频率推出《公众调查版》,声称记者将"用科学的眼光观察世界,给你一个量化的真实"。这其中的许多报道也是记者进行了体验式采访后写成的。《北京晚报》从 1999 年 5 月 4 日起,在第二版社会新闻版上推出的《体验新闻》专栏,几乎全部采用了突出情趣、展现记者经历感受的体验式采访报道。

一、体验式采访的特点

一般情况下记者扮演的是"你做我写"的角色,而体验式采访记者扮演的是"我做我写”的角色。体验式采访是一种参与式采访，指记者亲自尝试从事一种职业，在工作的过程中对从事的职业有所感悟，获得对生活的切实而深刻的认识，并加深对于这个时代、这个社会的本质的认识后再撰写出相关报道的采访方式。

体验式采访还是记者深入了解百姓意见和呼声，增进党群、干群感情的好途径。新闻媒体是党和人民的喉舌与耳目，“上情下达，下情上达”是记者的神圣职责。新闻工作者如果不能想群众所想，急群众所急，与人民群众同呼吸、共甘苦、心连心，就不能搞好新闻工作。

由于体验式采访要求记者深入生活，这种采访方式远比一些浮光掠影式的采访方式更实在、更鲜活、更能牵动人心，所以被广泛提倡。

（一）尝试做一种职业

在体验式采访中，由于记者的身份发生了转变，不得不暂时丢掉记者职业的优越感，这使其不得从所扮演的角色出发，换位思考问题。记者也只有站在所扮演的角色的立场上想问题，才能深刻地认识自己正在体验的职业，这是“看”与“做”的根本区别。

《羊城晚报》新闻周刊原采访部主任邓燕婷说：“如果一开始就带着某种职业的优越感去进入一个领域，那叫感受生活而不是体验生活。周围的所有人都知道你是来干嘛的，却不知道你最终想写什么，有廉耻的人会尽量把自己好的一面展现给你，县干部们希望你手下留情，或者为他们的招商引资做点宣传，会对你虚报军情……没有人真正愿意把你视作对手（因为你不存在威胁），你就很难感受到融入其中的苦与乐。一旦意识到这种质的区别，我就想真的把它作为一种职业，以行为而不是身份得到自己想要的东西……”

（二）获得对新闻的实证

体验式采访还能够获得对新闻的实证，增强新闻的说服力，并让公众透视新闻背后的原因。实证包括对二手新闻材料和不完整的新闻材料进行验证，从中找出新闻依据，帮助记者对新闻事实形成完整无缺的信息链。

（三）追求报道的深度

体验式采访对于那些作家型记者来说是首选的采访方式，也是自由撰稿人的最佳选择。通过体验式采访,记者容易注意到生活中的故事、人物和职业的细节,这是走马观花式的采访做不到的。体验式采访让记者有更充足的时间看和听,因为不用赶时间发稿,更容易全身心投入采访。

1936年,为了了解包身工的悲惨生活,作家夏衍亲赴上海纺织厂,跟那些包身工一起半夜三点起床,从上海秦兴路走十几里到杨树浦,亲眼观察纺织女工上班的情景。他一连跑了三个月,写出了著名的报告文学《包身工》。

采用体验式采访的记者在写新闻报道时,一般都希望能写成深度报道。他们的报道通常篇幅较长,多采用第一人称展示其体验及记者的心理活动。文章在叙述上不仅有详细、形象的场景动作描写,一些细节描写还会借鉴文学作品的写作风格,在讲述新闻事实、场景、事物、人物等内容时,总是娓娓道来,更强调叙述技巧和纪实风格。

体验式采访的报道改变了从旁观者的客观视角展开叙述的传统写法,突破了新闻报道惯用的用第三人称进行创作的形式。

(四)丰富生活积累

有些业内人士提倡将记者的体验与新闻采访相分离,他们认为,应该把"体验"与"采访"分开,不要仅为新闻报道去体验,特别是那些体验时间过短的采访报道更是没有必要,不应将这种源于生活的经验积累与记者的职业和采访相混淆,这样才能保持记者职业的客观公正。

持此观点的人认为,凡事旁观者清,身在其中反而"不识庐山真面目"。持这种观点的人还认为,体验的目的更主要的不是为了报道,而是为了培养或造就一支合格的记者队伍。

浙江卫视《新闻现场》栏目曾安排百名记者下基层,目的是把年轻记者"无情"地推向基层,让他们"沉下去",接近社会生活最本质的一面,加深其对各种社会现象和社会问题的认识,令其学会发现、学会思考、学会抓"活鱼",自觉改变拿官腔、说官话、写八股官样文章的陋习,养成有的放矢地开展采访报道的作风。

体验式采访虽然比其他采访方式更需要时间,但记者可以灵活安排时间,可长可短。如果时间允许,记者可以在某一个领域体验个一年半载;如果时间不允许,体验三五天也是可以的;甚至只用一天时间也可以做体验式采访。

《北京晨报》2001年8月23日刊登的报道《记者体验"空中救护"》,写的就是记者跟随北京急救中心的医生们体验了一回直升机空中紧急救护演练的全过程。从一早定陵机场救护实战演练，到登机升空、返回地面，记者用了不到一天的时间，同样完成了一次体验式采访。

二、体验式采访的方法

（一）角色参与

体验采访是一种参与性采访，没有“体验”就没有体验式采访。体验式采访要求记者在某一事件或某一行业中，扮演或充当其中的一个角色，或亲身参加事件的全过程，或亲身体验某一行业的酸甜苦辣。体验式采访强调角色的参与性。

（二）感同身受

记者在体验采访中，仅仅做个参与者还不够，要清楚参与是为了更好地感受，感受采访对象的职业特点、感受他们的职业情感和个人情感。

体验式采访强调记者与采访对象心灵的沟通。在面对面采访中，记者是通过语言与采访对象进行沟通的；在体验式采访中，记者则是通过身体力行的实践活动与对方沟通的。

体验式采访借鉴了艺术表演中斯坦尼斯拉夫斯的体验派理论，这一理论主张，演员在每一次排练和演出中都应该尽力体验表演对象的情感，都应该动情、投入，并将这种情感通过外在的形式传达给观众，从而感染观众。

在体验式采访中，记者大都会将捕捉到的体验或感受，以及由此获得的对生活的新的感悟诉诸文字，再传达给读者，从而实现与读者的交融和沟通。《北京晚报》的《体验新闻》专栏中的报道就借鉴了艺术表演中斯坦尼斯拉夫斯的体验派理论，主张记者在每一次体验式采访中都尽力体验采访对象的情感，并将这种情感通过报道传达给读者。

《北京青年报》也开设了同样的专栏，记者更强调以某行业工作人员的身份，或以顾客、消费者的身份去体验市民生活，以自己的见闻、感受反映生活中的酸甜苦辣；或是隐藏记者身份去发现群众反映强烈的社会丑恶现象，并进行揭露，令问题引起有关部门的注意，从而促进问题的解决。

（三）体验与访问相结合

尽管体验式采访要求记者必须亲自参与到采访对象从事的职业中去，但是，记者参与的目的只是为了完成采访报道，而不是为了学一门本事。所以，记者在体验式采访中还是应该以提问为主，适当地进行体验，体验也应该量力而行，力不从心的事不能硬做。例如，下面这则通讯中，作者的体验式采访就不太到位。

《人民日报》驻宁波记者站站长何伟同志写的《一拨就灵解民忧》上了《人民日报》的头版头条。

《一拨就灵解民忧》的成功之处，恰在于"体验式新闻"的成功运用。

在别人向我推荐宁波求助热线"81890"之前，该热线已运转好几年了。说实话，各地这热线、那热线，令人眼花缭乱，稍加推敲核实，大都有名无实，所以对这个典型一开始我并没上心。一次偶然的机缘，我抱着一试的心态拨打"81890"求助，服务之好，给我留下了深刻印象。看来，"81890""全天候、全方位、全程式"的服务承诺并非心血来潮。可这高难度的承诺，靠什么兑现？好奇心的驱使，让我重新拾起了这个曾经忽视的选题。

海曙区委宣传部的同志了解了我的意图后，帮我找来厚厚的几大本资料，还按常规先写了一篇2,000字的通讯。这些原料足矣。但要写出彩，挤上头版，还欠些东西。我在思考：有没有言过其实？重点应放在哪儿？怎样找到报道吸引人的地方？没有生动的第一手材料，就会写成流水账。

驻站记者要具备灵敏的嗅觉。"自选动作"难，首先难在主题的确定上。如何从信息的海洋中捕捉到版面最需要的"活鱼"，是对远离报社的驻站记者新闻灵敏度的检验。这个典型抓人的地方是高难度的服务"灵不灵"。找到报道的"穴位"后，体验式采访便是我最好的选择。如果说，采访之前我对报道的重点还很模糊，那么采访之后便清晰了。正如报道主张的宜开门见山、直奔主题，我在开头即写道：

"81890"真的就那么灵？又凭什么这么灵？记者近日对"81890"进行了体验式采访。

"体验式新闻"是一种创新的报道方式，是指在遵循新闻规律的前提下，通过亲身体验，以新闻视角记录事实的新闻样式。

对缺乏生活阅历的年轻记者而言，体验式采访是写出精彩报道的有效方法。《新民晚报》曾策划过一个全新的专栏——《体验式采访札记》，组织了10多位记者深入一些行业写报道，环卫工人、菜场菜贩……报道出来后，深受读者好评。

写什么，是记者经常要思考的问题。认识来自实践，体验式采访无疑可以帮助记者解决这个问题。记者可在体验中寻找主题，在体验中深化主题。人们对事物的了解有一个规律：听过不如见过，见过不如亲自干过。听过，可以说"知道"；见过，可以说"了解"；亲自干过，才能有深切的"感受"。记者写一般的报道，也许并不需要多少亲身感受，但是，若想写出打动人心的东西，那是非有自己强烈的感受不可的。自己没有感动的东西是绝不会感动别人的。而亲身的感受与亲身体验密切相关，这是许多写过深切动人的新闻作品的记者的普遍感受。作家魏巍在谈到《谁是最可爱的人》这篇著名的通讯时也说：深入感受，对写作的人是多么重要！你感受得深了，写出来，也就必然有那么一股子劲儿，人家读了，也就感受得深；你感受得浅，人家从你这儿感受到的，也就浅。

采访的技巧：在体验中提高，既要从外边向里边看，又要从里边向外边看。"体验式采访"是科学的认识论在新闻采访中的运用，其优点是记者可获得生动的现场资料，加深对事物的认识。所谓知行并重，从采访方法上看，知，就是听情况、看材料；行，就是体验式采访。有时记者要报道的事情，不仅对读者是完全生疏的，而且对记者也是完全生疏的，记者只有争取同那个事物直接接触、亲自实践，才能切实了解那个事物。俗话说，要知道梨子的滋味，就要亲口尝一尝，体验式采访就是在解决"尝一尝"的问题。

尝有尝的技巧。多数情况下，记者会采取公开的方式进行采访。特别是正面报道，都能得到对方的积极配合、实事求是的情况介绍。但也有在某种利益驱动下夸大、拔高、浮夸的现象，这就需要记者通过"体验"式的暗访，辨别真假虚实。有一种认识误区，认为似乎只有批评报道需要暗访，其实正面报道也需要暗访，特别是对宣传意识较强的单位和人物。因为记者尽管接触了很多事实，但毕竟绝大多数事实是通过口头和纸面获得的，记者毕竟是旁观者而不是参与者，一句话，记者的工作是一个"了解"接着一个"了解"，很少亲身经历，这不能不说是记者的一大弱点。从这点来看，记者应该同作家一样，深入生活，体验生活，既要从外看，还要想法钻到里面看。

《人民日报》记者金凤曾说过一句精辟的话:“采访,不仅需要从外边向里边看,有时候还需要从里边向外边看。”所谓“从里边向外边看”,就包括记者要进到事件里面去,也就是亲身体验。战地报道、纪行报道、新闻调查经常采用此种方法。

更重要的是,体验式采访可以增加报道的可信度和说服力。例如你报道一个饭馆的服务质量好,是进门就找服务员开座谈会听他们介绍好呢,还是先当一名顾客,不亮出身份,在餐厅里吃顿饭,亲身体验一下好呢?答案恐怕是后者。使用这样的采访方法,如果该单位是徒有虚名或假报成绩,就比较容易发现;如果是名不虚传,那么这样的方法本身就在了解中带有检验的成分,记者原原本本地写出来,读者就会破除“为宣传而做作”的怀疑。美国作家杰克·伦敦当记者的时候,也曾打扮成美国水手,住进英国的贫民居住区,采访那里的下层人民的生活,这也是一种值得学习的亲身体验的方式。记者采取亲身体验的方式,可以更多地看到事物的本来面目。

20年《人民日报》的记者生涯中,经我采写的典型报道不下20个,回头看,真正经得起历史检验的过硬报道很少。究其原因,除了认识上的原因,更有采访上的原因:如走马看花、雾里看花。起初,我对“81890”求助热线是有警惕的,当时我国几乎每个大中城市都有形形色色的服务热线,却虚虚实实,并非都在发挥作用。所以当他们向我介绍这个热线并称其已经达到“三无”标准时,特别是介绍者的口才很好,更让我起疑。所以采访“81890”热线时,我反复思考的是要如何验证其价值而不是停留在对方提供的材料上。

实际上,为了验证“81890”这个典型,我观察追踪了两年。其间,我利用到其他地区采访的机会考察了各地出现的市长热线、救助热线、服务热线等,在比较体验中对这条热线为何“灵”有了深层的认识,从而使报道主题更深化,也提高了报道的深度和可信度。

写作灵感:在体验中捕捉,以写作指导采访、以采访指导写作。报道的过程实际上是采访与写作互动的过程,采访时想着写什么、如何写,写作时想着采访什么、怎么访。《一拨就灵解民忧》的产生正是这样的过程。

新闻的生命力在于创新。根据唯物论的原理，写作方法的创新，有赖于采访方法的创新。翻阅新闻史上的名篇，许多吸引人的作品靠的是揭示真相。让读者相信“81890”不是作秀，最好的方法莫过于第一手素材的运用。在决定体验式采访“81890”之前，我已经有了腹稿，构思了几种结构。取谁舍谁？采访归来，报道的写法也瓜熟蒂落：以白描手法记录记者求助的全过程，既真实准确，又形象生动。实践证明，这是避免典型报道假大空的有效手段。时下，典型报道往往容易拔高，从而造成读者的不信任或敬而远之。提高读者对报道的信任度，最高明的手法是遵循新闻规律，用事实说话。

正如美学上讲求大巧若拙，于是，我放弃了用一个动人的小故事开篇的构思，改用白描式手法，将发生断电故障、打电话求助、观察维修服务以及服务时限一一道来，没有议论、没有感叹、没有评价，有的只是直白的叙述，如文中第一部分写道：

3月18日晚，在朱雀小区一居民家，记者拨通了“81890”：“我们这儿突然断电了，能帮助解决吗？”

“请告诉我详细的楼牌号码。”在确认地址后，女接线员说：“别着急，维修人员10分钟内就到。”

不到10分钟，一名男子摸黑爬上楼来。经仔细检查后，发现是保险丝烧断了。电话铃响起，还是那位女接线员，询问维修人员是否到了现场。此时，室外保险丝已接好，但烧坏的老式保险盒难配，维修人员将带来的新型保险盒稍加改造。灯终于亮了，收下10元工钱，维修员道了声再见便消失在黑夜中。约半小时后，女接线员的电话再次打来，询问服务和收费是否满意。“如果不满意，可向我们投诉。”

报道将体验式采访与白描手法相结合，我相信这是令读者信服的利器。

体验式采访不能越过新闻真实性的底线，体验式采访也有一定的局限：一是需要事先策划，故有记者“导演”之嫌。记者的参与是为了获取更有力的事实而非制造新闻，因此要把握住新闻真实性的底线。二是记者素质的高低限制着体验的深度。记者的体验也不见得完全准确、全面，同样要受到记者思想、业务、心理等各方面条件的影响，记者对自己的体验必须采取审慎的态度，避免主观倾向。三是体验式采访不同于“卧底”，虽属隐形采访，但要在法律允许的范围内进行，对涉及隐私权等问题则不宜披露。

"体验式采访"是记者转变作风的有效途径。中央领导同志要求新闻报道要做到"三贴近",且要把镜头对准基层、把版面留给群众、关注热点问题、反映群众呼声、推动实际工作、引导社会舆论。这就要求记者深入改革开放和现代化建设的第一线,采访方法要创新,写作构思也要创新。"体验式采访"无疑是值得倡导的方法。

当然,体验式新闻对记者提出了更高的要求,记者至少应具备以下素质:一是要有较强的事业心和责任感;二是要有深入深入再深入的良好作风,要有不惜流汗甚至流血的勇气;三是要具备较强的应变能力和法律意识。①

体验式采访的方法总结成一句话,那就是看看、做做、问问、想想。

(四)体验与观察相结合

美国密苏里新闻学院写作组编写的《新闻写作教程》一书中提到,参与性采访的观察是记者以伪装的面目出现,以参加者的身份展开工作的观察。有些事实和人们的感情流露,往往只有通过实地观察才能抓得住,所以,记者在实际体验中观察会更真实、更准确。

麦尔文·曼切尔在其《新闻报道与写作》一书中明确使用了"体验式的观察"一词。在体验式的观察中,记者放弃了客观的、超然的观察者的角色,完全融入到了所扮演的角色中。

严格来说,体验式采访是一种综合的采访方式。体验的过程是记者身体力行的过程,这个过程包括视觉采访、面对面采访、追踪采访、暗访等。在体验的过程中,很难把体验与采访区分得很清。

(五)明访与暗访相结合

同样是体验式采访,有的记者采用明访的方式,有的记者则采用暗访的方式。体验式采访与暗访有许多相似之处,都是一种比较深入的采访方式,体验式采访强调记者的参与性,暗访更强调记者的隐蔽性。采用暗访一般是为了进行揭露性、批评性的报道。为了隐蔽身份,记者在暗访时常常会进行一些化妆,或者潜入采访对象工作或

① http://www.people.com.cn/GB/paper79/13036/1171321.html.

生活的圈子，成为其中一员。

当然，暗访并不要求记者去从事某个职业，只是有一些记者在暗访的过程中不顾生命安危，在跟踪犯罪分子的活动中，也进行了体验或采访。

2001 年 9 月 2 日，英国《星期日泰晤士报》详细披露了三位假冒偷渡者的记者的亲身经历。偷渡客是近年来多国记者体验式采访的目标。从阿尔巴尼亚、南斯拉夫偷渡到英国的非法移民活动日趋猖獗，为了摸清蛇头是怎样组织偷渡移民的，该报的三名记者假扮成偷渡的移民，混迹于偷渡者之中。这次从阿尔巴尼亚出发，经过海路偷渡线路，历尽千辛万苦，充满惊险的偷渡旅程，最终于 2001 年 9 月 1 日凌晨结束，记者们如入无人之境，顺利完成偷渡，登上了英国多佛尔的海滩。

尽管《星期日泰晤士报》的三位记者帮助警方破了案，但他们的行为还是不足提倡的。因为体验偷渡毕竟是一种违法行为，记者的采访应该在法律允许的范围内进行。

（六）体验与研究问题相结合

西方学者在研究斯诺的《西行漫记》一书的成功原因时认为，《西行漫记》的畅销得益于历史机遇。而斯诺却否认了这一“运气”说。他说，当时他在报联社，工作非常特殊：“我把日常的报道任务交给助手，自己则随便进行阅读和研究，从我感兴趣的事情中发掘新闻。而我感兴趣的主要是人，各种各样的人，他们想些什么？说些什么？如何生活？”

1936 年，由于美国统一报业集团宣告倒闭，斯诺失去了该报辛迪加驻北平记者的工作，他当时面临着两个选择：应邀成为美联社驻京记者，或做一名自由撰稿人。斯诺选择了可以自由奔走、随心探索的自由记者之路。斯诺厌倦了当个抢发新闻的记者，厌倦了在美联社事事都得报道、生怕别的通讯社抢先一分钟、每天二十四小时都拴在电话旁的生活。他更想探索中国革命的“未知之地”，他试图揭开 1927 年以来一直停留在西方记者猜测之中的“红色中国”之谜。正是怀着这样的心情、这样的研究兴趣，他才把目光投向了延安。

尽管斯诺的延安之行历尽艰辛，但他有机会体验了中国共产党人的生活，有机会让毛泽东等中国共产党的重要领导人接受了他的采访，获得了当时在中国的任何一位外国记者都没有的采访机会。斯诺在 1957 年整理他在延安的笔记本时这样感叹：毛泽东几乎每晚都同我谈话，这些谈话经常在晚饭后九十点钟开始，一直持续到凌晨两三点我睡着了为止。白天，我总是带着一两个袖珍笔记本，匆忙地在上面写点评论。对一些正式的约会，我会用较大的本子记载。

▶本章小结

本章主要介绍了新闻采访的几种基本形式。面对面采访、电话采访、邮件采访和体验式采访，这四种采访方式是新闻采访最基本的采访方式，也是最常用的采访方式。每一种采访方式都有其特点和功能，它们之间是相辅相成、相互补充的关系，在一次采访中，可能会用到其中一种采访方式，也可能需要几种采访方式交叉使用。

▶思考与研讨题

1.面对面采访中，记者应如何掌握采访的主动权？

2.电话采访的特点是什么？

3.哪些情况下适宜电话采访？

4.哪些情况下不适宜电话采访？

5.邮件采访有哪些主要环节？

▶延伸阅读

[1]熊高，熊倩.新闻采访：第2版[M].北京：中国传媒大学出版社，2016.

[2]何文琦.如何发挥邮件采访优势——以深圳商报记者追访全球文化名家为例[J].新闻知识，2013(11).

[3]强月新，夏忠敏.当前我国主流媒体影响力的调研与分析[J].新闻传播，2017(4).

[4]林林.广播电视新闻实务教程[M].重庆：重庆大学出版社，2016.

第七章　新闻采访中提问的艺术与方法

▶章节大纲

1.创造有利的访问条件；

2.采访中提问的艺术和方法；

3.采访中提问的具体要求；

4.提问的具体方法。

▶章节内容

本章主要讲在新闻采访过程中提问的艺术和具体的方法。主要内容包括在采访前要创造有利的访问时机、为采访创造良好的条件，以及采访中具体的提问方法。

第一节　创造有利的访问条件

在采访的前期，记者除了要掌握一些必要的采访方法、技能、技巧外，还应特别注意创造一系列必不可少的、良好的辅助条件。采访不同于单纯的社交，采访是为了和采访对象建立有效的联系，与采访对象达成情感和知识上的交流以及互换。基于此，采访需要在恰当且有利的条件下进行。

记者以写作和采访提问为生，如果记者不会提问、不能掌控采访局面，很难想象他会挖掘出什么有价值的新闻。

一、采访是一个沟通过程

采访的过程也是沟通的过程。在这个过程中，信息从记者流向采访对象，又从采访对象流回记者，形成一个循环。信息流通得越顺利，采访就越成功，有 7 个因素会影响到一次采访最终能否成功。

因素 1、2——沟通的主体，也就是记者和采访对象。无论是记者还是采访对象，他们个人的信誉，对讨论的事件、问题、人物的熟悉程度，对采访的准备，采访过程中的行为方式，对于事件、受众以及交流对象的敏感度，甚至他们的精神状态都有可能成就或破坏一次采访。此外，记者还要花很大精力倾听，保证自己没有误听，如果只听见自己想听的信息，则会影响采访的进程与结果。

因素 3——信息。信息可以通过语言表达，也可以通过非语言的信号表达，如身体语言、面部表情、衣着服饰等。记者首先要确保没有在无意间传达了自己不想传达的信息，例如记者在采访中不停地看表，会让采访对象觉得记者没有耐心听自己的讲述，而实际上记者可能只是希望控制好采访的时间。

记者还要确保自己想要传达的信息和实际传达的信息一致。例如记者问："为什么你认为这次会议不成功?"记者的本意是想了解采访对象得出这个结论的证据，但采访对象则可能把这个问题理解为记者在质疑自己的结论。然而如果记者问："你认为这次会议不成功的原因是什么?"就不会使采访对象误解。

最后，记者还要确保清楚采访对象到底想要传达什么信息，可以通过重复、解释采访对象说的话，提出没有听懂、没有听清的部分，追问对方话语中含糊的概念、词汇等，尽量获得准确的信息。

因素 4——反馈。反馈是让沟通不断进行下去的燃料，记者在倾听采访对象讲话时，必须给予对方一定的反馈，否则会让对方觉得自己在对着空气讲话或者对牛弹琴。反馈可以有多种形式，如点头、皱眉、睁大眼睛、说"哦""明白了"，或继续追问等。适时的沉默有时候也能刺激采访对象继续说下去。

记者在给予采访对象反馈时要注意，尽量表达清楚自己是否理解了对方说的话，而不是自己是否赞同对方说的话。这是因为，如果记者在反馈中表现出自己对事物、人物的态度，采访对象会有意或无意地按照记者的态度组织自己的语言，进而有选择地提供给记者的信息。

当然，凡事没有绝对，有时，记者透露出一些与采访对象相同或不同的立场，可以让采访对象说得更多。但是，记者反馈给采访对象的态度或立场应该是受众可能抱持的态度或立场，这一方面有利于最后写成的稿件能够回答受众的问题，另一方面也可以消除采访对象的疑虑，让采访对象明白记者是真诚地来收集信息，而不是来对采访对象进行评判的。

因素5——渠道。采访的渠道有面对面采访、远程视频采访、电话采访、电子邮件采访、短信采访，等等。每一种采访渠道都各有优势和劣势。例如，面对面采访获得的信息全面，记者可以全方位地观察采访对象，但这种采访成本很高。电子邮件采访可以联系到全世界各地的人，但采访获得的信息是事先准备好的、经过采访对象过滤的。短信采访最快捷，通常在硬新闻写作中需要信源中的一两句话时使用，但它不适合深度采访。记者要根据采访目的选择获得信息的种类，根据实际工作中的各种客观限制选择最合适的采访渠道。

不同渠道的采访，按照它们可以让记者获得信息的多样性，可以由高到低排列如下：

面对面采访→远程视频采访→电话采访→电子邮件采访→短信采访

譬如，面对面采访中，记者可以观察采访环境，看到采访对象的表情动作，听到采访对象的声音；远程视频采访就无法观察采访环境；而在电话采访时，记者无法看到采访对象的表情和动作；而对于排在最后的电子邮件和短信采访，记者连采访对象的声音也听不到。

采访中，信息获取的途径多一个维度，记者可收集的素材就更丰富一些，记者控制采访的难度也就会大一些，但同时可控制的因素也更多。因此，如果采访对象是新闻报道的重要人物，那么记者就要尽量选择面对面采访。只有面对面采访完全不可能实现时，才能再选择次一个等级的采访渠道。

因素6——噪音。这里的“噪音”，指的是各种影响采访顺利进行的外部或内部因素。例如，采访过程中，采访对象的手机突然响了。或者，记者在采访前，刚和朋友吵了一架，采访时心情烦躁，这也是一种“噪音”。

采访中出现噪音是常见的情况，作为记者，要让影响自己的外部、内部噪音降至最低，例如，把手机调到无声模式、调整心情进入工作状态等。此外，记者还可以通过一些办法，降低各种外部、内部因素对采访对象的影响。例如，选择安静的场所进行采访,提出有针对性、有意义的问题,让采访对象觉得有话可说,等等。

因素7——环境。采访的环境既包括采访的时机,也包括采访的物理环境。例如,采访对象最近刚刚和媒体有过不愉快的过招经历,而你马上就要求进行采访(无论采访与之前的事件是否有关),那么你就需要考虑之前的事件是否会对本次采访产生负面影响。

环境与噪音紧密联系,时间、地点选择得好,可以最大限度地避免噪音的影响,让采访对象畅所欲言,特别是在深度采访和人物采访中。但有时,广播电视记者为了获得现场感,需要在嘈杂的街头录音或直接进行采访报道。

二、创造良好的访问条件

(一)商定较为适宜的访问时机

人们从事任何一项活动,必然先对这项活动产生关注,继而靠持续的关注保持从事这项活动的兴趣和热情。采访活动也不例外,欲使采访对象接待并配合记者采访,就得先使其对采访活动产生并保持关注。别人没有义务接受你的采访。记者在打电话预约采访时脑子里就要想着这一点,预约过程很简单——表明自己的身份、解释自己的需求、提供采访的要求、安排时间和地点。但如果你与采访对象以前并未见过面,或者采访的话题太一般,那你就要像推销员卖东西那样来推销自己。这时,热情的作用不可忽视,例如,你要说服警察来谈论工作压力和婚姻问题,在开始时可能比较艰难,但你可以做如下表述:"我刚刚开始研究一个有趣的话题,并为此感到很兴奋,是有关工作压力和家庭问题的关系的。我咨询了一些婚姻问题的专家,也读了一些文章,发现职业压力在现实生活中的延续就是婚姻的冲突。一些警官谈了自己的经历,希望您能帮助别人解决类似的问题。现在能不能谈谈您的经历——有可以与其他警官交流的东西吗?"这样的表述能使报道脱离假定的闲谈,转而去挖掘一些具有启迪性的信息。

(二)明确采访的目的

不管何种类型的采访,最重要的两个问题往往出现在采访一开始。记者真诚地表明采访目的能够消除采访对象的不信任。有些人总是逃避和记者说话,表明采访目的能帮助采访对象准确地知道记者需要什么，并明确记者是来倾听的、来了解的，而不是来制造矛盾的、不是来责备的。

（三）进行背景调查

如果你明天要采访某一个名人，今天就要开始工作，尽量查阅一切相关资料——简报或者资料库文档，杂志上的文章——它们会帮你预先了解曾经发生在采访对象生活中的事件。只有通过调查——回顾以前发生的一切——才能找到带你走向新领域的问题。

“新”是关键词，记者如果事前不做相关的调研，最后形成的报道内容就会是别人早已报道过的。报道的性质决定了调查报道应采取的类型。如果记者采访的话题是工作带来的压力如何导致婚姻出问题，那么就有必要提前准备好有关婚姻和家庭问题的书籍和文章、家庭问题的专家的相关观点等材料。

第二节　采访中提问的艺术

著名记者柯天在《怎样做一个新闻记者》一文中提出：“采访是一种应世最高的艺术，也是新闻学最微妙而又最困难的技术，说起来并没有什么一定的格式，只可说，‘运用之妙，存乎一心’。”这里把采访当作“艺术”“技术”，说明新闻采访是一种术业。术业者，方法也。采访是一种应用性、实践性极强的学问，单靠理论知识是做不好记者的，一个好的记者应该双翼齐飞，在具备专业理论知识的同时具备科学的思想方法。美国记者约翰·布雷迪的话意味深长，他说：“采访与其说是靠技巧，不如说是靠本能。一次采访无非是一场生动活泼的、富于思想的交流罢了。”

一、提问的准备

2008年北京奥运会开幕不久，精明的网民就总结出了“奥运记者的愚蠢提问”。下面是一些记者问的问题。[①]

（1）××记者问谭钟亮：“你奋斗了二十多年，参加了四届奥运会，只获得了一枚铜

① 北京奥运弱智记者采访语录[EB/OL].(2008-08-18)[2017-10-03].http://www.xici.net/d75769361.html

牌,你觉得有愧于祖国吗?”

(2)××记者问史冬鹏:“你有没有信心得亚军?因为冠军已经是刘翔了。”赛后问史冬鹏:“刚才的比赛,你尽力了吗?”

(3)××记者问陈艳青的父亲:“陈艳青平时吃什么?”

陈艳青的父亲:“青菜。”

记者:“不爱吃肉吗?”

陈艳青的父亲:“家里穷,吃不起。”

记者:“她爱吃什么?”

陈艳青的父亲:“红烧肉。”

记者:“为什么?”

陈艳青的父亲:“……”

(4)××记者问杨景辉:“听说你是83年出生属猪的,那你喜不喜欢这种动物呢?”

(5)采访女排时××记者对赵蕊蕊说:“全国观众都不知道你的伤好到什么程度了,你能不能对着镜头给我们蹦两下?”赵蕊蕊说:“我都蹦一天了,你还让我蹦!”说完头也不回就走了。赵蕊蕊走了以后,记者却追在后面说:“蹦一个,蹦一个!”

…………

为什么这些问题会被归纳成“愚蠢提问”?一个原因就是记者问的是没有意义的问题;另一个原因则是记者在问题中包含了个人的成见、偏见和没有根据的假设。提问题是一门学问,提出好问题则需要记者的充分准备、精心思考和对新闻价值准确的判断。

二、提问的艺术

有哲人说过,提出问题等于解决了问题的一半。意思是说,人们在探讨某一问题时,要重视对此问题的事先研究。前文述及采访前的各种准备,主要就是针对采访目的、报道思想和采访对象的预先研究的。老记者周孝庵在《访问》一文中指出,“访问不难,发问实难”“发问之如何,足以决定访问之成败”。

提问,是贯穿记者采访活动始终的主要实施形式,也是关系到采访成败的关键。伏尔泰说过:“评价一个人,当视其问些什么,而不是答些什么。”采访活动中,采访对象对记者的了解远比记者对采访对象的了解要少得多,有时采访对象对记者甚至一无所知。因此，采访过程也就成为采访对象了解和评价记者的过程，因而采访对象回答问题的深度、广度和生动性与否，在很大程度上取决于采访对象对记者知识范围和理解能力的判断，取决于记者的采访准备是否充分及其对采访的态度，乃至其提问的语气、措辞、结构、肢体语言等是否恰当。记者的每一次采访都要经过采访对象的"考试"，采访成功与否，往往取决于记者的提问艺术。一般来说，称职的记者在采访中应该准确把握"四问"。

（一）问什么

记者的新闻采访总是有明确的目的的。事物的自然状态及其发展并不都是记者和大众所关注的，只有那些异常的事物才会引起人们的关注。通常，这种事物大多是依其与大众的关联程度被人发现和口头传播的。而记者往往是闻风而至者，他是大众传播媒介的信息采集者和新闻价值鉴定者，也就是说，传到记者那里的信息能否构成新闻，要由记者通过访问来判断。

因此，记者在鉴定新闻价值之前，第一个要问的问题是：这是真的吗？这关系到新闻的真实性和记者的生命线，任何媒介和记者在这个问题上都应该谨小慎微，注意求证。长沙市某小学院里落了一块碗大的冰，这本来是几个孩子的恶作剧，却有新华社湖南分社记者赶来写了新闻，称其是"天外来冰"，成为影响极坏的假新闻。记者的第二个问题是：它是新闻吗？新闻是真实的信息，但真实的信息不都是新闻。判断信息是不是新闻，要看它的价值因素和构成要素是否齐全，不齐全的要素需要记者在采访中补齐，齐全的要素记者也要予以核实。补充和核实的过程就是记者访问求证的过程。长沙"天外来冰"一例，如果记者稍做一点调查求证，就不会犯下如此低级的常识性错误。记者的第三个问题是：它的新闻价值如何？这在记者的思维过程中的价值判断标准是双重的：一是新闻本身的价值，二是采访成本。通常情况下，凡是新闻价值高的新闻事件，记者会全力去采访，媒体也会不惜成本地支持记者去采访；而那些新闻价值低的新闻，记者会相应地减少身心的投入，媒体也可能会把它作为一种点缀。近年来，一些报纸和电视新闻总会自以为是地"设计"一些"新闻"，如每年元旦零点到医院妇产科去看哪位孕妇生了孩子，然后附着些"喜气"，煞有介事地刊播出去。其实，这不是什么新闻，我们说"平常人＋平常事≠新闻"，就是这个道理。

（二）为谁问

上述三个问题已经解决，也就是说当某一信息是真实的，而且有一定的新闻价值，就可以进入真正的新闻采访阶段。当然，不是说前面的工作不是采访的一部分，而是说这属于采访的前期准备工作。

“为谁问”主要涉及记者采访的意图和立场。这里有两个层面的意思：一是立场问题，记者的所有采访活动都会立足于自己或自己所服务的媒介的立场。具体来说，阶级的、民族的、集团的归属感会左右记者采访时的立场。二是目的问题，记者所在媒介的服务对象（即受众）也会影响其提问的内容和方式。

比如关于调高个人所得税起征点问题，一张大众化报纸的记者，通常会站在普通民众的角度提出这样的问题：这项政策酝酿已久，为什么迟迟不能兑现？何时才能兑现？记者的服务对象（或者说报纸的发行范围）集中在城市，记者会代表城镇居民表达一种急切的心情。党报记者可能会问：如果这项政策出台，是不是会因此进一步拉大城镇与农村居民实际收入的差距？他站在党和政府的角度，从改变城乡二元结构和社会稳定两个方面发问。而财经类报纸记者会问：这样一来，国家每年财政收入会减少多少？他更愿意从统计学的角度冷静地分析这一政策出台对国家宏观经济的影响。他们共同的问题是：个人所得税的征收底线是多少？占个人收入的比例是多少？国外税收状况如何？等等。这就出现了“为谁问”的差异化问题，提问的差异化是新闻采访的基本规律之一，也是消除舆论一律的有效方法。差异越大，媒介的特点越突出，记者的风格越容易体现，不要指望人云亦云的记者能写出有价值的新闻报道来。

（三）找谁问

在采访准备中提到的采访对象，是计划采访准备的提问对象，是记者在获取大量材料的基础上经过思考锁定的提问对象，记者甚至把采访提纲都事先准备妥当了。但是在更多的意外采访中，记者不得不当机立断，迅速寻找合适的采访对象。一般说来，在意外采访中选择采访对象应坚持以下原则：

1.当事人原则

当事人作为新闻事件发生及过程的亲历者，具有不可替代的作用。比如一桩凶杀案，要补充“何事”之后的所有要素，探寻事件的缘由和背景，没有人比当事人更清楚了。但仅凭当事人的诉说是不够的，还应有其他采访对象予以补证。

2.知情人原则

与新闻人物和新闻事件最接近的人是最合适的采访对象，他们是新闻人物的亲友、邻居、同事，或者是对手、敌人，对新闻人物有一定程度的了解；他们是新闻事件的目击者或感受者，他们的陈述具有直观感受价值，也是当事人提供的事实材料的最佳旁证。

3.权威性原则

与新闻人物和新闻事件调查相关的部门和负责人常常是权威性材料的保有者。比如对新闻人物的了解，人事组织部门是最权威的，其了解程度有时甚至超过当事人本人；对新闻事件的了解，单位领导和党政机关领导及专门调查机关是最权威的。

4.扩展性原则

除了当事人提供的证据和直接的旁证，对于比较复杂的新闻事件，记者还应该扩大采访范围，以求证据的完整无缺和逻辑的严密，形成一个完整、严密的证据链。

5.即时性原则

在意外采访中坚持即时性原则不仅是新闻时效性的要求，也是确保求证完整性的要求，记者是否坚持即时性原则有时可能关系到采访的成败。比如采访对象濒临死亡，错失一次机会就再无采访的可能；或者采访对象此时此地愿意接受提问，时过境迁后就拒绝记者采访；或者事发现场被人为破坏、被自然力量消灭等。

(四)怎么问

当记者确定了新闻采访的选题(问什么)、采访意图(为谁问)和采访对象(找谁问)之后，就进入真正的提问技巧阶段了。掌握提问的方式方法是记者采访的首要条件，成功的采访多半取决于提出恰当的问题。

美国一位报纸记者诺拉·埃弗伦提到她与电视记者一起工作的情景时说她“疑惑不解地看着电视记者举着摄像机进来，把政治家围困在一个角落里问道：‘参议员先生，您对这次选举投票有什么感想?’或者围住刚从火灾楼房里被救出，还躺在担架上的伤员问道：‘先生，您对您的双腿刚被烧掉一事有何感想’”。类似问题可能是初出道的记者们失败的提问，他们如果有志于当好记者，就要从中接受教训，改进提问的方式。

美国哥伦比亚大学教授麦尔文·曼切尔把提问划分为两类,即开放式提问和闭合式提问。

开放式提问是指问题问得比较抽象和概括,开口很大,范围很广,采访对象有充分的回旋余地。比如可以问:“你对南京印象如何?”对方可能会侃侃而谈几十分钟。因为记者的提问大而化之,采访对象可以漫无边际地说下去。

开放式提问的长处是问答双方谈话气氛自然、和缓;短处是没有针对性,采访的目的很难达到,写出来的报道容易流于浮泛、枯燥。

闭合式提问是指问题问得比较具体和集中,口子是封闭的,范围是有限的,采访对象要有明确的回答。比如:“你觉得南京的物价高不高?”记者在这里只给了对方三种可选择的回答,即“高”“不高”“还可以”。接下来采访就可以进入“为什么”和“怎么办”了。

闭合式提问的长处是目的明确、问题集中;短处是以“我”(记者)为主,主观性强,容易遗漏某些问题,导致片面性。采访对象的真实感受记者也许没问,记者问的问题也许采访对象根本就没兴趣。

从对开放式提问和闭合式提问的比较中可知,任何一次成功的采访都不应该使用单一的采访方式,而应当综合运用。通常情况下,开放式提问多用于双方时间都比较充裕的情况下,所谈问题比较普通。这种方式有时候用于双方初次见面时互相了解的过程,有时候用来在闭合式采访的间隙调节气氛、转换话题,或在采访结束后用于礼节性的告别。

闭合式提问是记者的主要提问方式。记者采访,从准备材料和选题开始就带有明确的目的性。因为记者从事的是时效性非常强的新闻采访活动,这既不是作家漫无目的的体验生活,也不是社会学者的综合性调查。记者通常进行的是针对单个新闻事实的采访,有限的时间、具体的事实,迫使其经常选择闭合式提问的方式。记者的采访过程是一个不断对事实证实、证伪和求新求异的过程。一件新闻事实发生了,记者要的是对“5W+H”的“是”或者“不是”的回答,他们通常总是要避免令采访对象对事实真相做出“也许”“可能”“大概”“或者”之类含糊其词的回答,这就是闭合式提问要达到的目的。以2004年8月30日美国全国广播公司(ABC)记者对布什的采访为例:

记者：你难道真的认为我们会迅速取得反恐战争的胜利？比如说在四年内。

布什总统：我从来没有说过会在四年内取得胜利。

记者：这么说，我们会赢吗？你是这么说的吗？

布什总统：我不认为我们会赢，但是我们可以创造条件，这个世界越来越不愿意接受那些采取恐怖手段的人。

假设记者大而化之地问："你认为我们会取得反恐战争的胜利吗？"布什就可以非常坚定地回答："会。"因为那是个无期限的问题，就像我们说共产主义最终将会实现一样好回答。但是记者给布什限定了时间——四年为期，他的潜台词就是："假若你连选连任，那么在你的下个四年任期内这场战争能够结束吗？"这就迫使布什进入记者锁定的目标区，他的回答只能是"是"或者"不"，别无选择。

第三节　采访中提问的具体要求

提问是记者了解事实真相、弄清问题实质的重要方法，也是记者引导采访对象对问题查证、落实的重要环节。在提问的过程中，记者起着主要的引导作用。引导得法，采访对象会按照记者既定的思路圆满地讲清楚记者所要了解的事实和问题，会很好地配合记者完成报道任务。引导不得法，采访对象就难以很好地配合记者，这样一来，要么记者无功而返，得不到所要了解的新闻素材，要么得到的素材也是无关紧要或毫无用处的。因此，遵守提问要求、注意提问过程中的一些必要事项，对记者而言是十分重要的。[①]

一、简洁明快

记者在采访时的提问不宜拉拉杂杂、拖泥带水，不能话说了半天对方还不知道你的意思。采访时的提问要简洁，要用很少的语言尽快进入问题的主题，使采访对象尽早明白你提出的问题的确切含义。

① 许兆真，张福民，等.新闻采访写作艺术论[M].西安：西北大学出版社，2003：117-120.

因此,在提问时,对问题的背景材料可以尽量避开,对无关紧要的内容也可以酌情抛开。除非没有这些背景材料就不足以说明问题时,才可适当穿插一些背景材料作为问话的“引子”。

在新闻采访实践中,许多记者在向采访对象提问时,话说了半天,还没进入主题;或是记者自己就问题大讲特讲,采访对象成了“听话”的对象。要解决这个问题,主要靠记者事先的精心准备和精心设计,提问能短则短,越短越好。特别是面对新闻发布的采访对象时,由于时间紧、记者多、机会少,记者更应该抓住重点、抓准问题要害,用简短明了的提问向采访对象“发难”,使采访对象无法对你的提问给出模棱两可的回答,无法打“擦边球”,搪塞你的提问。

总之,记者在提问时,应牢记一个准则,即记者的提问是引导性的,采访对象的回答是主导性的。引导是“引入”,不宜太长;“主导”是进入主题,是问题或事实的核心。

二、具体准确

提问具体,指记者提的问题不是抽象的、笼统的、概念性的东西;提问准确,指记者要抓住问题或事实具体的一个点或一个面进行确切的提问。

任何事实或问题都牵涉一个复杂的系统。人们认识事物,是截取事物发生发展过程中的某个面(空间上)或某个点(时间上),而生发出对事物的另外一个个“面”、一个个“点”的认识,人们的眼光不能一下子顾及所有的“面”或所有的“点”。

当然,记者提问的过程也是对某个问题或某种事物的理解和认识过程。太笼统地对这些问题或事物提问,会使采访对象对问题或事物的认识无从着手,像狗吃到刺猬一样,面对一团尖尖的“刺”,无从下口。所以,一般情况下,记者应尽量少用“你对这个问题有什么印象”“你对这件事有什么感想”“你当时是怎么想的”这样的提问。

但是,对“具体”的理解也不是“就事论事”“就问题说问题”;对“准确”的理解也不是仅仅抓住事物或问题的具体的“某一个点”或“某一个面”。记者应该正确处理好宏观调控与微观把握的关系,使自己提出的问题既有相当的战略高度,能使采访对象对问题的内涵产生兴趣,又具有“战术”意义,使采访对象能够对问题进行具体的把握。从这个意义上讲,对事物或问题的“度”的把握就显得十分重要。

在新闻采访实践中,有的记者在提问时,问题提得太抽象、太笼统,使采访对象无所适从,不知从哪方面进行回答;也有的记者问题提得太具体,使采访对象用简单的

“是”或“不是”、“对”或“不对”就足以应付。

1984年第23届奥运会上，射击运动员许海峰为我国赢得了奥运史上第一块金牌后，记者蜂拥而至，对他进行了现场采访。一位记者单刀直入地问道：“许海峰同志，你为祖国赢得了第一块金牌，全国人民都非常高兴！请问，在比赛中，你当时是怎么想的？”电视镜头转向许海峰，他嗫嚅片刻：“我当时，当时就是想啊，要为祖国争得荣誉。”看得出，许海峰的脸憋得发红，说得很勉强。试想：一个人在做某件事时，可能只是想如何把这件事做好。这位记者的提问不论从哪个角度看都很难回答。棋手聂卫平战胜日本棋坛擂主时，有记者问：“你当时是怎么想的？”聂卫平回答得更干脆：“什么也没想，下棋时只想下棋。”还有一位记者在采访一位下水救人的青年工人时问道：“救人时你是怎么想的？”救人的英雄答道：“救人时只想救人，想别的救得了吗？”

1992年，谢军在国际象棋比赛中荣获冠军，中央人民广播电台记者电话采访谢军时问道：“谢军，经过一段长时间的紧张比赛，我想你一定是累了吧？”谢军回答说：“对。”记者又问：“但我想你一定是又累又兴奋吧？你现在的心情是不是这样？”谢军仅用了“是的”再次回答了记者的提问。这位记者犯了提问太具体的毛病。

三、自然得体

自然得体的提问要求记者从采访对象的接受特点出发设计问题，这是对记者提问的基本要求。

所谓自然得体，即要求记者的提问要水到渠成，不要生拉硬凑；是采访对象熟悉的，不是生疏的；是采访对象乐意接受的，不是不能接受或勉强能接受的。

记者对提问内容和采访对象要有充分的了解和认识，还要在提问的内容上和形式上多下几分力气，多了解采访对象的基本情况，再尽力营造一个亲切和谐的谈话氛围，提问就会自然得体。

《人民日报》某记者到北京顺义区采访一个“五好家庭”，由于记者是从中国家庭传统观念出发，结合中国家庭的具体情况，以关心、羡慕、称赞的口气和这个家庭的“一家之主”进行谈话的，取得了较好的效果。

记者一开口便对这家的主人说：“大娘，您老人家真不简单啊！把一个大家带得这么好！”一句温暖关心的话，引发了采访对象极大的热情；一句“不简单”又把问题引向纵深。大娘拉起话匣：“同志，说来话长……”

记者首先注意了采访对象的接受心理，也注意了事物复杂的一面，更注意营造采访气氛的重要性，使整个采访过程从开始到结束都显得亲切、和谐、自然，也因此获得了大量宝贵的新闻素材。

第四节　提问方法

提问的方法是指具体的提问技巧。提问是一种技巧，技巧有时候只可意会，不可言传，是从实践中锻炼出来的。这里丝毫没有贬低技巧之意，而是说，这种技巧不是天生就有的，也不是书本上能够学来的，需要记者把书本上的理论与工作实践巧妙地结合起来，然后根据自己的经验去总结提高。所以在一些比较务实的西方采访学著作中，一百个记者会有一百种说法。从理论上讲，即使是同一媒体派出的几位记者去采访同一个人，甚至选题要求、采访问题单都是统一预设好了的，但一到采访现场，不同的记者就会有不同的问法。这就是为什么面对同一新闻事件，不同的媒体会产生不同的报道，相同的媒体也会产生不同的报道的原因。比如2004年西安体育彩票案，仅中央电视台就有十几个栏目组派出各自的记者前去采访，并发回了不同的报道，《焦点访谈》介入较晚，报道次数却最多，先后制作了5期。如果留意这些栏目记者的提问，人们会发现他们总会从不同的角度切入新闻事件。

按梁一高在《现代新闻采访学教程》里的分法，提问的具体方法一共有16种，这是目前国内教科书中分得最细的。本书也沿用了这种分类方法。

一、正问法

正问法是从正面提问，记者直截了当地讲明采访目的，开门见山地提出问题的方法。这种提问方法多用于对领导干部、企业家、专家学者和记者熟悉的采访对象的采访。这些采访对象对采访没有心理上的压力，通常还有一定的心理优势，所以记者不必花费太多精力去琢磨对方，只要他们接受采访，他们就会对记者的采访方法持相当宽容的态度。

但是记者在具体的采访过程中，不应把对方的宽容当作放纵自己的理由，越是在这种情况下，记者越应该注意把握分寸。

（一）提问要有针对性

1998 年 3 月 19 日上午，在第九届全国人民代表大会第一次会议的记者招待会上，凤凰卫视中文台记者吴小莉向新任国务院总理朱镕基提了两个问题，其中一个问题是："亚洲金融风暴对香港的影响在今年已经陆续显现了。最近，香港失业率也创了一年半以来的新高。我想请教的是，中央政府对于香港经济的困境会采取什么样的具体措施加以支持？"当时香港回归祖国才半年，当地经济问题十分突出，吴小莉的提问正是香港同胞最关心的问题。还有一次，朱镕基访问南亚结束临上飞机时，吴小莉拿出一张 10 元人民币问："我用这张人民币到北京时，还能买到原来那么多东西吗？"当时国内外风传人民币将要贬值，她从朱镕基那里得到了肯定的回答。

（二）提问要有情感交流

既然是直截了当地提问，就有些不见外的意味在其中，在这种比较融洽的气氛里，记者应该成为情感的激发者，以此赢得对方的赞赏，让采访对象提供更加新鲜的材料。吴小莉在上文所述的那次记者招待会上提出的第二个问题是："在改革过程中，您遇到了不少挫折和阻力，您的家人也受到一些困扰。请您谈谈您在进行改革过程中的心路历程，尤其是您有没有沮丧过？有没有想过要放弃？"这就引出了朱镕基的那段名言："我现在非常的惶恐，就是怕辜负人民群众对我的期望。但是，不管前面是地雷阵，还是万丈深渊，我都将勇往直前，义无反顾，鞠躬尽瘁，死而后已！"①

二、迂回法

迂回法是记者从侧面入手进行采访的方法。即先绕个圈子，然后再进入正题。这种提问法多用于一些对记者采访比较陌生，心有顾虑，不愿意交谈，或者不知道谈什么、怎么谈的采访对象，有时也适用于那些"老油条"。这时记者不可以心焦气躁，首先要平复自己的心态，然后根据采访对象的实际情况设计话题。对于前者，一般应该从开放式提问入手，再从对方最熟悉的话题说起，通过双方对某一问题的共鸣，使对方消除紧张心理，对记者产生信任感，这时再进入主题，进行闭合式提问。比如在校大学生对于安全套进校园问题的看法，一般同学不会接受记者尤其是电视记者的采访，即使

① 梁一高.现代新闻采访学教程[M].北京：中国广播电视出版社，2001.

接受采访，他们也会说些言不由衷、冠冕堂皇的话。中央电视台《新闻调查》制片人张杰在回答南京师范大学学生提问时就认为，面对镜头，一些青少年也会表现得像成年人那样滴水不漏。此时记者千万不可把他们的话当真，而是要静下心来，采用迂回提问的方法，让他们说出自己的心里话。

三、诱导法

诱导法提是一种启发采访对象思路、诱导对方情感的方法。有些采访对象可能因为性格内向，不善言辞；或者由于时过境迁，追忆困难；或者确有难以对人说出口的故事和背景。这时记者就应该先打外围战，通过他周围的人了解他的生活，然后向他和缓地解释自己的采访目的，表明对其的善意。对于时过境迁的故事，记者可以根据自己的知识帮助采访对象回忆当时的历史背景，或者人们的普遍心态，使采访对象放下包袱，敞开心扉。对于采访对象确实难以启齿的，记者可以循着其心理轨迹，代其说出来，只要求对方回答"是"或"不是"即可。美国记者约翰·布雷迪认为，诱导法最好精心安排关键问题的措辞。比如一家工厂的工会提出罢工，记者不应去采访工会负责人，而应采访可能举棋未定的工人，因为是否罢工要靠工会会员投票决定。记者可以问："如果工会号召罢工，您一定参加吗？"也可以问："如果工会号召罢工，您作为工会会员，有责任参加罢工，是吧？"

一件事情，两种问法，会产生不同的效果。后一种问法被约翰·布雷迪指责为别有用心。所以有美国学者特别强调要避免诱导性提问，如果使用不当，这种提问法有时候就有"诱供"的嫌疑。

四、追踪法

追踪法是记者按照事先拟定的采访提纲，沿着问题主干和逻辑顺序依次向对方不间断地发问的方法。如果记者在与对方谈话的过程中发现与采访主题相关的新线索，也应因势利导，追问到底。原四川人民广播电台记者吕齐在采访女子国际象棋特级大师刘适兰与保加利亚特级大师列马科奇的一场比赛时，就用了追踪提问法。

问;你和列马科奇下棋,谁输了?

答:她输了。

问:下到多少步,她就要输了?

答:50来步吧。

问:她快输的时候,脸色是苍白的?还是鲜红的?是否坐卧不安?

答:她脸红筋胀的。

问:皱眉了吗?

答:没见她皱眉。

问;那么快输了,她怎么办?

答:她撑着脑壳想棋。

问:是想对策吗?

答:当然。

问:她想对策的时候,有谁来干扰她吗?

答:没有。啊,这时候服务员端来了两杯咖啡。

问:服务员和你们说话了吗?

答:没有。她笑嘻嘻地把咖啡从盘子里拿出来,给了列马科奇一杯,给了我一杯。

问:服务员送咖啡时,杯子发出响声了吗?

答:没有。她轻轻地放下的,还一人发了一块方糖。

问:是谁把糖先放进杯子的?

答:我。

问:列马科奇后放,她也像你一样,这么一丢,放的糖吗?

答:不是的。

问:她是怎么放的,你能把看到的比画一下吗?

(这时,刘适兰比画当时的情景。她双眼盯着棋盘,右手拿起方糖,下意识地往“杯子”里放,她边比画边说:“她没有把糖丢到杯子里。”)

问:丢到桌子上了?还是丢到棋盘上了?

答:不,她把糖丢进烟灰缸里了。

问:她很快从烟灰缸里拿出来了吗?

答:没有。她还在看棋。不过,她很快发现自己丢错了,脸绯红绯红,很不好意思。

问:你笑她了吗?

答:我没有笑,那样做不礼貌。

问:你心里一定笑了。

答:我心里偷着笑。我想,她心乱了,紧张了……列马科奇的水平还是很高的,那天,她发挥得不正常。①

五、设问法

设问法提问是记者通过假设的方法提出一些假设性问题的提问方法,主要用来启发采访对象的思路,引导对方对某一问题谈出自己的真实想法,或对某一事实进行完整叙述。记者常常通过设身处地的假设法形成与对方的共情,虚拟与对方就这些问题的共同看法,同采访对象进行讨论式对话,与对方一起做出合理的判断和预测。1986年9月2日,美国哥伦比亚广播公司记者迈克尔·华莱士在采访邓小平行将结束时问道:“您说过,您要活到100岁,然后可以去见马克思,到那时,马克思身边可能还坐着毛泽东,他们可能对您说些什么?”这就是设问法,把对方的精神理想和追求置于现实之中,探求对方的真实意思。

六、激将法

激将法是记者对那些言不由衷的采访对象采用的一种激发式提问方法,主要用于心有顾虑、回避事实,或态度傲慢、居高临下的采访对象。面对这类采访对象,运用迂回法、正问法均不奏效时,就可以使用激将法,提出尖锐的问题,刺激对方的痛处,迫使对方表露自己真实的一面。

著名的意大利女记者奥丽亚娜·法拉奇身材矮小,思维敏捷,人们形容她的采访过程就像一只野兔在追踪一只犀牙利齿的狐狸。那些自视甚高的政治家们对接受她

① 吕齐.关于全感采访的一些问题[J].北京广播学院学报,1985(2).

的采访总是十分戒备的。曾在尼克松政府担任美国国家安全事务顾问的亨利·基辛格就对他接受法拉奇的那次采访后悔不迭。

法拉奇：基辛格博士，您怎样解释您几乎比总统更有名和更享有众望这一事实呢？您觉得有什么原因吗？

基辛格：有的，但是我不想告诉您……现在我还处在我的职位上，为什么要告诉您呢？还是把您想的告诉我吧。我可以肯定，您也有您的某些道理来说明我之所以有名气的。

法拉奇：基辛格博士，我还没有把握，所以想从这次采访中找出原因来。但还没有找到。我料想根本原因是成功使您出了名。我的意思是说，您就像一个棋手走了几步好棋一样，首先是中国这步棋，人们都佩服能将对方一军的棋手。

基辛格：是的，中国是我取得成功的一个重要因素。但是关键还不在于此。关键在于……好吧，没关系，我就告诉您吧。我没有什么可顾虑的。关键在于我总是独来独往，自行其是。美国人都特别欣赏这一点。美国人佩服单人独骑领着大篷车队的西部牛仔，佩服他单枪匹马进入市镇和乡村。他也许连手枪也不带，因为他不需要开枪射击。只要他在行动，准确无误地在某个时候到达某个地点。我的行动就像西部拓荒时代的一个传说，如果您愿意这样理解的话。[①]

这次谈话使白宫勃然大怒，认为这是极端个人英雄主义的表现，一位助手说他这是“一次真面目的大暴露：亨利同漂亮姑娘谈话时，竟完全忘乎所以了”[②]。

七、反诘法

反诘法与激将法都是一种激发式提问法，但反诘法是从事实的相反方向或对方谈话的相反方向提出问题。它的长处是打破人们的惯常思维方式或者片面性，记者从事物的另一面提出问题，激发采访对象对事物或问题做出比较，从而获得新认识、谈出新

① 布雷迪.采访技巧[M].北京：中国新闻出版社，1985：92-93.

② 布雷迪.采访技巧[M].北京：中国新闻出版社，1985：92-93.

观点、带出新事实。

比如某城市为了道路畅通，不但用黄线，而且用铁栅栏竖起了隔离带。这位市长在中央电视台《让世界了解你》栏目里与美国盐湖城市长通过视频连线对话，自夸该市管理的经验，说“我们这个城市交通道路设施齐全，自行车很少”。其实事实并非如此，铁栅栏隔绝了非机动车道，自行车没法骑，市民把那座城市叫“动物园”。面对这种情况，记者可以有多种问法，用反诘法就该问：“自行车少，是老百姓买不起，还是没有非机动车道？”

八、错问法

错问法是“以误求正”的提问方法，即记者故意用明知是错误的问题来考察、试探、激发采访对象，以求得真实的新闻材料。

九、插问法

插问法是记者在与采访对象的谈话中，发现对方的谈话内容有疑点，或有自己不明白、不肯定的东西需要得到对方的证实和解释、确认的提问方法。这在采访中经常出现。遇到这种情况，记者应该适时要求对方暂停谈话，对他谈话中的主要论点（看法）论据（事实）重新表述；对于记者不明白的东西，应让采访对象再给予解释；或者将自己的理解反馈给对方，请对方确认或修正。

十、让步法

从某种意义上说，记者与采访对象之间存在着一种交易。让步法是记者在采访对象拒绝采访的情况下，以退为进，采取一种暂时的妥协，以谈条件的方式劝服对方接受采访的方法。

这种方法常与迂回法并用。首先要让对方接受记者本人，让你进入他的家里或请你坐下来。对方不愿谈的采访主题可以暂时放在一边，先与他谈与主题无关的内容，比如谈谈自己的工作压力有多大，记者是世界上最辛苦、最危险的工种之一，等等。记者的让步会使对方从心理上产生一种歉意：“记者也是为工作而来，总不能让人家空手而归吧！”这时他可能会谈些无关紧要的话题。只要对方开口，问题就解决了大半，剩下的问题要看双方谈话的融洽程度。如果记者能得到对方足够的信任，采访对象可能最终会答应按记者的采访主题回答记者的提问，至少会建议记者哪些是不能问的，这样记者就可以把能问的内容与原定的采访提纲做些调整。《人民日报》副总编梁衡曾说过，跌一跤也要抓把泥，记者出门最怕的是空手而回。

十一、潜问法

潜问法，是对提问的内容不按提问的方式，而是运用交谈的形式，把记者了解到的对方感兴趣的东西以不经意的方式（有时候却是特别强调）告诉（或展示给）对方，以引起对方的注意、认同和共鸣的提问方法。

比如采访解放南京的老兵们，记者可以把他们带到渡江登岸地，不用记者多说一句话，他们也会抚今追昔，诉说当年的战争场景。2004 年国庆节前夕，江苏电视台文艺频道就把前线话剧团两位参加当年解放南京的老兵（夫妇）请到演播室，给他们播放当时的纪录片和后来拍摄的电影、电视剧片段，勾起他们对那段历史的回忆。这对夫妇通过镜头讲述了自己亲历的故事，并透露了他们正在沿着战斗过的足迹编写几部电视剧的消息。

十二、借问法

借问法是记者借他人之口向采访对象提出自己想要提的问题的提问方法。这里的“他人”可以确有其人，如“听某某人说”“据某某报说”；也可以是虚拟的，如“现在都在风传”“好像有人说”之类。借问法主要用于证实某一事物的真伪，以及该事物的进展情况等方面的采访。

1997 年 5 月，新上任不久的联合国秘书长科菲·安南访问中国。中央电视台记者水均益对安南进行专访时，就“联合国改革”提出了三个问题：(1)我们已经注意到，秘书长先生，有些观察家在评价你的工作时说，这几个月你的工作都是形式方面或公关方面的。你为什么这么做？(2)秘书长先生，你在联合国工作了 30 多年，有些人认为工作了这么长（时间），你将更加保守、更加谨慎，你同意这种说法吗？(3)秘书长先生，一年前也是在这个地方、这个位置，我采访了你的前任加利先生，加利先生说他是“超级乞丐”，不知你对此怎么看？

十三、偏问法

偏问法在西方也叫“严格提问法”，它与正问法相对，是有意避开正面的一般问题，在内容上剑走偏锋，针对敏感问题发问，使对方为之陡然一惊，立即把注意力高度集中到记者提问上来的一种提问方法。

美国哥伦比亚广播公司的铁面记者丹·拉瑟说：“以提问严格而著称，是我要追求的；而提问刁钻的名声，是我应避免的。我绝不想背上这种骂名。”1996年英国发现疯牛病的消息令人心惊，欧盟做出禁止英国牛肉出口的决议。德国总理科尔恰巧在此时访问了英国。在两国领导人联合举行的记者招待会上，第一个抢先提问的记者问，德国总理在唐宁街用午餐时是否吃了英国牛肉？德国是否准备对英国牛肉解禁？这是正问法。而第二个记者更是咄咄逼人：“你既然吃了英国牛肉，你是否觉得安全、很香、很好吃?!”德国总理脸都涨红了，英国首相则微微低下头。科尔足足有五六秒钟没能讲出话来。他的回答是，他不是英国牛肉的推销经理，也许人们不应该期待他用各种动听的口号进入推销市场。这名记者的提问就属于偏问法。

十四、质问法

质问法是记者面对持有敌意的，或观点与之对立、固守错误立场的采访对象，无须照顾其面子的提问方法。20世纪80年代初，意大利著名女记者奥丽亚娜·法拉奇苦等了三年才获准采访伊朗宗教领袖霍梅尼。她开口第一句话就是告诉霍梅尼：“你是又一个伊朗国王，是新的独裁者。”（他指挥的伊斯兰革命推翻了巴列维国王后，享有宗教和世俗至高无上的权力。）霍梅尼答非所问。法拉奇说：“你是暴君，暴—君！”霍梅尼中断了访问，法拉奇坚持不离开，直到霍梅尼答应第二天继续接受采访。在随后的采访中，她问到伊朗男女不平等的问题，霍梅尼说：“这你管不着！如果你不喜欢伊斯兰教的服装，你没必要穿上它，因为伊斯兰教服装是替贤淑的少女准备的。”法拉奇立即质问：“像我这样一个女人，一直混在男子中间生活，显示头颈、头发、耳朵，参加过战争，在前线野营，在士兵中间睡眠，根据你的说法，我是不是个不道德的、大胆而不贤淑的女人?”

十五、逼问法

逼问法是针对人与事的是与非、对与错、好与坏这类大是大非已经明确，迫使对方

(即当事人)回答其中的原因与动机的提问方法。还是法拉奇,她在 1974 年葡萄牙军事政变一年后采访了社会党领导人苏亚雷斯。她不管苏亚雷斯的回避和刁难,连续五次提出同样的问题:“仅仅是共产党人呢,还是共产党人和军人一起发动了这次攻势?”迫使苏亚雷斯正面回答了她的问题。

十六、绝问法

绝问法是记者对采访对象既不需要客套,也不必拐弯抹角,并且令对方只有一种回答可选择的提问方法。如法拉奇采访利比亚领导人卡扎菲时,她的问题包括:“你为什么需要这么多人保护?”“你为什么要住在军营里?”“你怕被杀,怕得要命。”“你在自己的国家里,也没有什么人爱你。”“人民因恐怖而鼓掌,你因恐怖而保护自己。”卡扎菲不得不默认法拉奇的判断。

以上 16 种提问方法基本限于个别访问,也就是记者针对一个采访对象的提问。这些方法主要是根据中外记者采访经验汇集归纳而成的,其实还有许多问法和归纳方法,如漏斗法、倒漏斗法等。正如本节开始就说的那样,采访提问,各人因思想方法不同、采访对象所处环境不同、时代不同,提问的方法会有很大差异。在采访过程中,记者与采访对象进行着一场高智商的精神较量和思想交锋,记者只有在实际工作中不断摸索,才可能使自己的方法更得当,技巧更熟练。一个老练的记者在采访中不会仅限于一种提问方法,而是会综合运用多种方法。

一般来说,记者在采访中总是占上风的,因为这是他天天要做的本职工作,但是遇到那些难缠的主儿,再精明顽强的记者也束手无策。《中华读书报》报道说,2003 年 12 月 2 日,英国简明英语组织颁发了年度“驴唇不对马嘴奖”,摘取桂冠的竟是美国国防部部长拉姆斯菲尔德,其代表作品,是他 2003 年 2 月在北约国防部长会议新闻发布会上就伊拉克大规模杀伤性武器问题发表的那番“知道不知道”的言论:

> 就我们所知,有些事情早已是众所周知的、有些事情我们知道自己知道,我们也知道,有些事情早已是已知的未知。这也就是说,我们现在知道了,有些事情我们其实并不知道。但也有一些事情是未知的未知——这些事,我们并不知道自己不知道。

英国广播公司的报道说，这些话反复读了几遍后，还是有很多的人不知道自己知道还是不知道拉姆斯菲尔德到底在说什么。据说美国政治语系里就有“美联储语言”的分类，如美联储主席格林斯潘的名言：“我知道你相信你明白你认为我说的那些话的意思，但说不准你意识到你所听到的不是我表达的意思。”格林斯潘的意思是说：如果你觉得我说得很清楚，那么你肯定误解了我的意思。

▶本章小结

采访是一个沟通过程。在这个过程中，信息从记者流向采访对象，又从采访对象流回记者，形成一个个循环。信息流通得越顺利，采访就越成功。沟通的主体、信息、反馈、渠道、噪音和环境等因素都会决定一次采访能否成功。

正问法。正问法是从正面提问，记者直截了当地讲明采访目的，开门见山地提出问题。

迂回法。迂回法是记者从侧面入手的采访方法。即先绕个圈子，然后进入正题。它多用于一些记者采访比较陌生，心有顾虑，不愿意交谈，或者不知道谈什么、怎么谈的采访对象。

诱导法。诱导法是一种启发采访对象的思路，诱引对方情感的方法。有些采访对象可能因性格内向，不善言辞；或者由于时过境迁，追忆困难；或者确有难以对人说出口的故事和背景。这时记者的采访就应该先打外围战，通过采访对象周围的人了解对方的生活，然后向采访对象和缓地解释自己的采访目的。

追踪法。追踪法是记者按照事先拟定的采访提纲，沿着问题主干和逻辑顺序依次向对方不断发问。

设问法。设问法是记者通过假设的方法，提出一些假设性的问题的提问方法，主要用来启发采访对象的思路，引导对方对某一问题谈出自己的真实想法，或对某一事实进行完整叙述。

激将法。激将法是记者对那些言不由衷的采访对象采用的一种激发式提问方法，主要用于心有顾虑、回避事实，或态度傲慢、居高临下的采访对象。

反诘法。反诘法与激将法都是一种激发式提问，但它是从事实的相反方向或对方谈话的相反方向提出问题。它的长处是打破人们惯常的思维方式或者片面性，记者从事物的另一面提出问题，激发采访对象对事物或问题做出比较，从而获得新认识、谈出新观点、带出新事实。

错问法。错问法是“以误求正”的提问方法，即记者故意用明知是错误的问题来考察、试探、激发采访对象，以求得真实的新闻材料。

插问法。插问法是记者在与采访对象谈话的过程中，发现对方谈话的内容有疑点，或记者自己不明白的地方、不肯定的东西需要得到对方的证实和解释、确认。

让步法。让步法是记者在采访对象拒绝的情况下，以退为进，采取一种暂时的妥协，以谈条件的方式劝服对方接受采访的方法。

潜问法。潜问法是对提问的内容不按提问的方式，而是运用交谈的形式，把记者了解到的对方感兴趣的东西以不经意的方式（有时候却是特别强调）告诉（或展示给）对方，以引起对方的注意、认同和共鸣。

借问法。借问法是记者借他人之口向采访对象提出自己想要提的问题。

偏问法。偏问法是有意避开正面的一般问题，在内容上剑走偏锋，针对敏感问题发问，使对方为之陡然一惊，立即把注意力高度集中到记者提问上来。

质问法。质问法是记者面对持有敌意的，或观点对立、固守错误立场的采访对象，无须照顾其面子的提问方法。

逼问法。逼问法是针对人与事的是与非、对与错、好与坏这类大是大非已经明确，迫使对方（即当事人）回答其中原因与动机的提问方法。

绝问法。绝问法是记者采访对象既不需客套，也不必拐弯抹角，并且只有一种回答选择的提问方法。

▶思考与研讨题

1.在采访中，称职的记者应该把握哪四种提问技巧？

2.在意外采访中，关于采访对象的选择应坚持哪些原则？

3.记者在采访中使用的提问方法有哪些？

▶延伸阅读

观看视频：《面对面：专访直面媒体的艾滋病感染者刘子亮》（http://www.cctv.com/）

第八章　新媒体时代新闻采访技巧的变化

▶章节大纲

1.全能记者的装备；

2.全能记者的采访技巧运用。

▶章节内容

本章主要探讨在以互联网为代表的新媒体迅猛发展的时代，新闻传播形式不断得到拓展，新闻传播速度不断加快，同时使得传统媒体的市场地位和生存空间不断受到冲击的现状。新闻工作人员要想在海量信息的当下把握住发展机遇，适应新媒体时代的发展需求，需要不断提高自身修养，在新闻采访工作中优化采访技巧，提高采访效率，将自己打造成“全能记者”。

第一节　全能记者的装备

随着信息技术的不断进步和人类信息传播需求的增加，各类新媒体如雨后春笋般不断涌现，势如破竹。在新媒体的冲击下，报纸、广播、电视三大传统媒体垄断上百年的媒介格局已被打破。一方面，新媒体产业加剧了市场竞争，传统媒体的市场空间越来越狭窄；另一方面，传统媒体为求生存，需要加强对新媒体技术的利用和融合，从而完成自身的改造与升级。媒体融合已然是传统媒体面对传媒新生态、传播新局面的发展方向和必然选择。

党中央高度重视媒体的融合与发展，党的十八届三中全会提出了推动媒体融合发展的重大任务，中央专门印发了《关于推动传统媒体和新兴媒体融合发展的指导意见》。习近平总书记多次就推动媒体融合发展做出深刻阐述，强调融合发展的关键在于融为一体、合而为一，要尽快从相“加”阶段迈向相“融”阶段，着力打造一批新型主流媒体，为我国新闻传播业未来的发展规划了宏伟蓝图。

在我国媒体融合的进程中，建立“中央厨房”式全媒体报道平台成为媒体融合的创新之举。“中央厨房”原指餐饮行业中统一采购、统一配送、标准化生产的大厨房模式，其优点是通过集中采购、集约生产可以降低成本。快餐行业是目前实行“中央厨房”式运作的典型例证，落实到媒体编辑部，在硬件与软件上大概是指这样一种运作模式：建设一个全媒体平台，基于信息数据共享的理念，由信息采集者海量输入信息，然后由平台根据各种子媒体的需求提供新闻信息，由各子媒体的编辑将这些信息加工为不同的新闻产品，以适应不同媒体的不同受众群的需要。这种形式也可以简单地概括为“一次采集，多种生成，多元传播”。“中央厨房”好比人的大脑和神经中枢，具有集中指挥、采编调度、高效协作、信息共享等基本功能。通过建立“中央厨房”可以实现管理扁平化、功能集成化、产品全媒化。这种新闻生产模式与媒体融合的深化是息息相关的。以往的报网融合也好，两微一端也好，遇到的主要阻碍来自新旧两种媒体不同的新闻生产方式和生产理念，以及昂贵的信息采集成本。“中央厨房”的建立，意在尽量满足新旧媒体所需要的各种信息，并尽可能做到节约报道成本，在理念上克服以往媒体融合的困境。从时间序列上讲，“中央厨房”可以被看作继“报网融合”“两微一端”之后进一步的媒体融合战略，它是新时期传媒集团为降低运营成本、提高生产效率，并挽救传统传媒业在技术变革冲击下的生存危机的又一重要设计。

不同于传统的新闻生产流程，报业集团内的各家子报都有自己独立的记者和编辑，各家子报分别行事，自行采访。在“中央厨房”模式中，从业者要服务的媒体，既包括母报、子报，也包括微信公众号和新闻客户端；既包括文字、图片，也包括音频和视频。记者不再只是简单地进行现场采访、电话连线以及视频、录音报道，而是通过视频、图片、微博、微信、音频等多种形式，以全方位、立体化的模式为观众、听众、网友进行全景式报道。在信息采集阶段，整个集团可以资源共享、协同作业，使新闻素材等资源的价值得到最大化利用，尽可能地产出海量信息。在编辑阶段，各子媒体必须在第一时间获得最适合自身刊发的内容，做到精准投放。这都需要具备高度的媒介素养、能熟练运用多种技术工具的全能型记者编辑来解决。美国密苏里新闻学院副院长布莱恩·布鲁克斯教授表示:我们将会看见,随着媒体企业之间的合作,电视、广播和网络的资源都会被集中起来,新闻工作者必须具备跨媒体的新闻工作能力。

一名全能记者不仅要满足传统媒体的报道需求,还要满足博客、微博、公众号、论坛、贴吧等新媒体的传播需求。澳大利亚迪肯大学新闻学院教授史蒂芬·奎恩博士认为,“全能记者”应该分为三个层次:第一个层次是能够用手机对突发事件进行报道的;第二个层次是在一天内既能为网站写稿,又能提供视频和博客新闻,还能为报纸写稿的;第三个层次是既能为报纸写深度报道,又能为电台电视台做纪录片的。如在美国媒介综合集团(Media General Inc.)工作的电视记者杰姬·巴伦(Jackie Barron),在采访联邦案件时是这样安排工作流程的:清晨给网站写一篇介绍案件情况的专栏文章;上午通过电话给电视台发去最新报道;下午编制一个晚间电视节目传回去,然后再回到法院采访下午的进展情况;结束一天的采访后给第二天出版的报纸写一篇新闻稿。媒体融合对从业人员的素质提出了更高的要求,拥有一支过硬的“全能记者”队伍,是实现媒体转型、再造、升级的重中之重。要想成为一名优秀的全能记者,除了应该拥有专业基本素养外,还必须掌握多种媒体技能。

一、全能记者的基本素养

作为一名全能记者,一方面,应该具备坚持党性和人民性统一的基本政治素养;另一方面,还应该具备熟练的新闻采写技巧和敏锐的新闻视角等基本专业素养。

在经历了传统媒体时代的“渠道为王”、网络时代的“技术为王”,自媒体时代的“关系为王”的种种“修正”之后,融媒体的发展迎来了重提“内容为王”的时代。因此,高超的文字驾驭能力就成为全能型记者必须具备的能力。记者除了要熟悉不同新闻体裁的要求之外,还要熟悉不同媒体的制作要求。人民日报社编辑程聚新在接受记者采访时曾深有感触地说:“现在,同一个新闻题材,我们至少要写 3 篇不同的稿子。如采访一场体育比赛,记者首先要在现场用手机写出约 140 字的微博,基本上做到了比赛一结束,相关新闻就通过《人民日报》的微博播发出来。记者在返程途中,要将现场所拍的图片、视频传给报纸编辑,用于制作二维码;回报社后,要立即撰写一篇涵盖各项基本新闻事实的稿件,发送到人民网上;然后才能开始为第二天的报纸写稿。完成以上所有环节的工作后,才能呈现出完整的新闻事件的图文视频、深度报道和分析。”

新闻敏感是每个新闻从业人员都应该具备的基本素质。对于一名优秀的记者而言，了解一些学术性知识是与同业内保持联系以获取新闻敏感同等重要的途径。在对某个专业化领域进行报道的时候，记者在这个领域结识的专家、学者提供给他的专业化建议，可以帮助他完成更加有深度、有见解的新闻报道。如果记者时常跟进关注这个领域的最新研究成果，即使不精通，只是涉猎，也能比别人更快速地把握新闻事件在此专业领域的价值，采访专家的时候也会比一无所知的记者更容易获取有用信息。

二、多媒体使用能力

新媒体时代，记者若要更加称职地完成工作，除了面对同一个题材要撰写几篇稿子外，还不得不向掌握摄影、摄像、录音、采编、剪辑等技巧的复合型人才转变，从单纯的报纸记者，向电视台主持人、出镜记者、网络写手等多媒体角色转变，成为能够娴熟地运用多种新闻报道方式的"全能记者"或"多面手"，以胜任写作、采访、摄影、摄像，制作音频、视频，玩转网络，发送微博和微信等。只能从事单一的媒体报道形式的记者是很难适应媒体融合的需求的。因此，记者要具备跨媒体传播的意识，并培养多媒体报道的思维和理念，要懂得不同媒体的传播效果，还要知道如何针对不同的媒体，将信息转化成不同的媒介产品。

为此，一方面，记者要不断学习新知识、掌握新技能，如熟练使用相机，熟悉网络、电视的语言习惯，具备通过网络搜集新闻素材的能力和通过网上各种数据库进行新闻报道或专业研究的能力。现在许多新闻网站的新闻制作和发布都是由相关的专业软件及系统辅助完成的，记者也必须能够使用这些网络软件和系统。诸如 Tableau Public、Quartz 的 Chartbuilder、Raw 一类的工具能够有效捕获图表信息，而 CartoDB、谷歌的 Fusion Tables 等制图工具，则能够让用户轻而易举地制作出直观醒目的可视化数据图表，将报道完美地呈现出来。

另一方面，记者还要加快工作节奏，以更快的反应速度、更快的交稿速度来适应快阅读时代读者对微新闻的阅读习惯。随着传播技术的发展，关于新闻时效的竞争会愈演愈烈，交通工具的不断更新和熟练使用，也是争取时效的一种重要手段，现在很多媒体都为记者外出采访专门配备了采访车。

三、熟练的外语表达技能

我们正处于一个高度开放、信息高度发达的时代，随着我国的对外交流日益增多，记者在许多场合接触外国人士的机会也相应地多了起来。熟悉一门外语,并能用它进行采访,能提高记者的采访活动的效率,特别是当在场的其他记者不懂外语时,懂外语的记者就常常能够捕捉到“独家新闻”。记者如果不懂外语,在以外宾为采访对象的场合,就等于失去了听觉,如果单纯依靠翻译人员的话,不仅费时费力,而且会严重影响采访的气氛。

第二节 全能记者的采访技巧运用

媒体融合时代,新闻的传播形式有了很大的突破,传播速度也在不断加快。绝大多数信息传播都是通过新闻客户端、微信、微博等网络信息媒体实现的。随着网络服务形态的多元化,去中心化的网络模型越来越清晰。今天的网络内容不再是单纯地由专业网站或特定人群所生产的了,而是权级平等的全体网民共同参与、共同创造的结果。在网上,每个人都可以发布自己想要分享的信息,这种方式扩大了信息传播的范围,增强了信息传播的效果,也令信息传播速度越来越快,这些因素导致专业记者存在的意义受到质疑。作为一名专业的新闻记者,面对新媒体环境的挑战,只有顺应变化、与时俱进,才能做出有意义、有价值、符合时代要求的新闻。

“中央厨房”式的新闻生产方式,从工作原理上鼓励记者去“采购”而非“创作”,它令新闻生产进一步被纳入标准化流水线的生产方式,“采”与“写”的生产环节被打通,甚至部分重叠,极大地缩减了人力成本和时间成本,对新闻产品的快速抓取和推送,以及海量信息不断更新迭代的生产方式将替代相对而言不经济的传统新闻稿件的采访写作,传媒组织对各种信息采录设备的补充升级就是最佳佐证,于是“采”成为第一位的、首要的、最关键的活动,而“写”是后续的、可被分担的环节。新闻采访人员要在海量的信息中筛选出有价值的信息,并使其得到有效传播,需要灵活运用采访技巧,同时要发散思维,不断提高创新意识,保障新闻采编的质量。

一、善于捕捉新闻线索,增强新闻敏感

新闻线索是新闻工作开始的标志,获取了新闻线索、才能进行新闻采访工作。如今,获取新闻线索的途径多种多样,记者要积极、主动地通过各种途径,包括贴吧、论

坛、微博、微信、数字电视等新媒体渠道及多种信息平台获取新闻线索。无论新闻信息多寡以及新闻价值大小，记者都要对线索进行收集并深入探究、过滤筛选，有效地获取高价值的新闻线索，挖掘线索背后的新闻事件，最终确保发现真正有价值的新闻。同时，记者在收集新闻线索时要提高新闻敏感性。所谓的新闻敏感性，不仅指记者发现新闻的能力，同时也指记者对新闻走向的洞察能力。在现实生活中，一些表面看起来较为平淡的新闻事件，其背后可能隐藏着深刻的内涵，这就需要记者从细节入手，凭借其较强的观察力和职业敏感进行深入的分析和挖掘。社会事件高度的曝光频率，也要求记者善于从海量的网络资讯中判断出哪些社会事件包含值得进行挖掘和报道的内容。只有选择那些人们关心的问题，才能让新闻更有看点，并吸引新闻受众的注意力。新闻采访工作者还必须具备高度的责任感，以及“铁肩担道义，妙手著文章”的使命感，只有这样，才能进一步提高新闻敏感性，才能有利于新闻采访工作的进一步展开。

二、做好采访准备

凡事预则立，不预则废。事先有研究、有准备，是采访深入、效率高的关键。准备工作做得好与坏，会直接影响最终的采访效果，做好采访准备也是一名新闻工作者必须具备的专业素养。在进行新闻采访前，记者需要详细地查阅相关资料，针对新闻人物进行采访时，记者应对被访者的基本情况有所了解；针对新闻事件进行报道时，记者需要提前了解事件的内容和所处领域，还要调查和分析观众对新闻信息的需求，同时要梳理采访思路，列出采访提纲，做好应对突发情况的准备，这样才能在采访过程中把握主动权，引导被采访者围绕主题进行深入的沟通，拉近与采访对象的距离，从而获得更多信息。提前设置访问重点也有利于记者在撰稿时对内容进行合理取舍，抓住“牛鼻子”，最大化地挖掘事件的新闻价值。这些都是各媒体记者采访前应做的基本准备工作。

新媒体时代，不仅人们获取信息的渠道变得多种多样，而且信息传播在速度上与传统媒体相比也更快了，并且信息的接收方式相对简单，可以实现较强的时效性。比如手机媒体、微博、微信、新闻客户端的广泛使用，使得新闻信息的实时传播成为可能，谁先发布信息，谁就能抢占先机。因而，新闻记者必须提高采访速度，及时发布信息，只有这样，才能获得受众的关注，在激烈的媒体竞争中占据优势。除上述基本准备工作外，现代化的采访设备也必不可少，如平板电脑、手机、录音笔、DV 等工具，都可以帮助记者提高采访效率,顺利地完成更高质量的采访工作。

知己知彼,方能百战不殆,记者只有对采访工作提前做好准备,才能确保新闻采访工作的有效和成功。

三、端正采访动机

新媒体时代的信息传播有一个显著特征,即一旦发生新闻事件,该事件就会迅速地被多家媒体广泛传播,并且带有强烈的主观性,新闻的真实客观性原则常会遭到破坏。因此,为了最大限度地保障新闻报道的真实性、公正性、客观性,新闻采访者应该在采访之前深入了解采访主题,理智分析,端正心态。采访时要尽量保持客观中立的态度,避免提出带有个人主观情绪的问题,更不能带有明确的动机。只有这样,才能将新闻事件的真相展现给广大观众。

四、注重倾听、重视非语言符号的运用

新闻采访工作的主要目的是进行信息收集,这就要求记者必须始终认真倾听采访对象的回答,做好内容的记录。在进行新闻采访时,有时被采访者的陈述可能并没有太多新闻价值,这时就需要采访人员有足够的耐心倾听,千万不要轻易打断对方的话,细心聆听不仅是对被访者的尊重,同时也是采访工作的基本要求。记者只有仔细倾听,将被访者的回答或新闻事件进行完整的记录,才能将新闻事件进行最大程度的还原。此外,记者在采访中还可以使用一些非语言的符号同被访者沟通,例如,表情、眼神、手势等,对被访者进行合理的引导。同时也要注意观察采访对象的神态、手势、表情等,这对于探索采访对象的实际心理动态有重要的辅助作用。

五、采访提问讲究技巧

新闻记者应当善于表达自己的想法。记者只有具备较好的语言沟通能力,才能快速地使被采访对象放松,进而敞开心扉。记者在面对被采访对象的时候,应当做到不卑不亢,使谈话平等地展开。同时,记者提出问题时应该抓住重点、简明扼要,要具体、自然、简练、流畅、合理地提问。记者应当拉近与被采访者的心理距离,与被采访者进行情感的交流和文化思想的碰撞,增强其对自己的信赖。另外,记者在采访的过程中

尤其要注意提问方式，提问方式合理与否，在很大程度上决定着采访能否顺利进行。采访中提问的方式包括侧面提问、面对面交谈、书面采访、体验式访问、隐身采访以及电话采访等。采访中的提问可以按性质分为引导性提问、正面提问、假设性提问、激将法式提问和追问等。记者根据采访对象的性格和采访问题的性质，合理选择采访方式，有助于采访工作的顺利完成。例如：单刀直入式的正面提问，适合性格外向或不抵触新闻采访的人，但记者应注意把握度，以平等尊重的心态、客观公正的立场进行提问；对于较为抵触采访的人，应采取迂回的方法，从轻松的话题切入，尽量避开新闻事件的关键点，同时采用引导式提问打开受访者的心扉。

六、采访语言表达风格多样

传统意义上的新闻具有严肃性，相应地，新闻采访的形式和语言表达也趋于理性与平静。新媒体背景下，娱乐、趣味性的话题很受读者欢迎，在新闻采访的语言表达上，记者可结合当前的互联网流行语进行趣味采访。比如一向严肃的《人民日报》，在财政部楼继伟答记者问之后，制作了漫画版财政部部长表情包，并将新闻命名为《一个自带表情包的财政部部长》。通过互联网方式的语言表达，能拉近国家政治、经济新闻与普通民众的距离，让新闻采访和报道更加鲜活、更具生命力。若采访对象是年轻人，采访语言可以融合网络用语。新媒体时代，趣味生动的语言风格、紧随潮流的网络用语，都可以成为新闻采访与报道的系列元素，记者要运用互联网思维、紧跟时代潮流，在语言上进行创新，改变新闻语言的严肃风格，让新闻走进受众的生活。

七、熟练运用多媒体资源

新媒体背景下，新闻传播方式呈现出多元化的趋势，更加注重读者的直观感受。新闻的展示不仅要有传统形式的图片、文字，还要有视频或音频内容，新闻变得更加依赖摄像、录音等采访设备。新闻工作人员必须紧紧跟随时代发展的潮流，不断创新新闻采访技术，要善于运用多媒体设备丰富新闻采访内容，还原最真实的新闻现场。新闻工作者与管理人员可在现有的传统媒体的基础上建立属于自己的客户端，做到与新媒体的高度融合。这种做法不仅可以维持传统媒体在采访报道工作中的优势，也可以让记者利用新媒体平台与受众互动交流，了解大众的呼声与关注重点，将其纳入采访计划中。此外，记者还可以通过开通微博、微信公众号，构建自己的信息网，在实现与受众信息互动的过程中，更为全面、详细地获取相关的新闻信息，不断提升信息采集能力，完成高质量的采访工作。

八、利用新媒体，多方核实信源

传统的新闻采访，第一步是找到新闻当事人，获取直接的、第一手的信息源。在新媒体时代，记者的采访技巧不再单一，不再只有刨根问底一个办法，各种媒体均可作为其探访事件相关信息的支点。记者可以通过新媒体及时发布一些关键性的问题，根据网友的回复，了解尚不知情的信息。需要注意的是，每一个信源都不能放过核实这个环节，记者应该利用交叉信息多方印证，多利用常识进行辨识，以获取最终的真相。

新媒体时代，记者新闻采访的技巧需要不断改进，只有紧跟时代步伐，探索更加新颖的采访方法，才能增加新闻报道的深度和广度，为受众提供高质量的新闻报道。因此，新闻工作者要不断提升自身职业素养，丰富新闻采访技巧，加强新闻采访创新，不断丰富新闻采访的工作形式，为我国新闻事业的发展做出应有的贡献。

▶本章小结

新媒体的不断推进和发展，给新闻采访工作提出了更高的要求。新闻工作者要在海量的新闻信息中整理出有价值的内容，并在进行合理的编排后及时报道，完成这些工作需要记者掌握充足的新闻采访技巧并具备充足的创新能力。因此，新媒体时代背景下的新闻记者，需要不断地提高采访技巧，创新采访思维，从多个角度分析和解剖采访事件，促进新闻报道质量的提高和传播效率的提高。

▶思考与研讨题

1.新媒体背景下的新闻采访有哪些技巧？

2.如何创新新媒体时代的采访途径？

3.在新媒体时代，采访方式有何改变？

第九章　新闻采访的后期整理

▶章节大纲

1.整理素材的必要性；

2.整理素材的步骤；

3.对素材进行分析和判断；

4.新闻素材整理的注意事项。

▶章节内容

本章主要讲述了记者对采访所得的新闻素材在进行后期整理过程中的方法、原则和注意事项。

新闻采访的后期整理是整个采访环节必不可少的一个环节。新闻采访的后期整理是在为新闻写作做准备。很多老记者都把新闻采访看成是一个"买菜"的环节，菜买回来之后，就要花时间洗菜、择菜，这个洗菜、择菜的过程可以看作新闻采访的后期整理。没有后期整理，不能称为一次完整的新闻采访。

采访前期的准备过程和采访中期的具体实施过程，重在对新闻素材的收集。采访要想获得预期的效果，光靠前期的准备或中期的具体采访是不够的，还要求记者在完成前两期工作之后，及时对前两期获取的新闻素材进行整理。对采访的后期整理如果不当，就会使前期的工作成果得不到圆满的体现，还可能使整个采访失败。因此，记者要十分注重对前、中期采访成果的整理。

第一节　整理采访素材

采访结束后，为防止遗忘和遗漏，记者有必要对自己在采访过程中的所听、所观、所想、所录进行整理，并在此基础上做好相应的加工工作。记者的采访记录中，往往包含了许多重要的新闻素材，但记录保留的是原始形态的素材，当时未及梳理和思考，因而采访过后对笔记进行整理加工是十分必要的。这样做可帮助记者更快地进入良好的写作状态。

一、整理素材的必要性

记者采访带回大量素材后，如何在短时间内写成一篇质量较高的稿件？这就要求记者对自己所写的稿件的最终形态要有一个完整的想象，这个想象最好有目标、有方向、有蓝图，好比盖房，是盖别墅还是办公楼、商住楼？好比做一桌菜，是西餐还是满汉全席？做新闻，在进行新闻价值判断、确定一个选题的时候，就要对未来稿件的最终形态有一个具体的想象，这是新闻的起点（当然在随后的采访中，记者还会对这个形态要适时做出调整）。进入写作阶段，这个想象要更具体。有目标，才能策划行动路径。这个过程往往会在记者整理材料的时候慢慢浮现出来。具体而言，整理材料有以下几方面的必要性：

（一）防止遗漏有价值的素材

如果采访内容相对简单，事实本身并不复杂，记者的记忆力又比较强，这时，不经过素材整理的阶段而直接进行新闻写作，是完全可行的。

但在另一些情况下，记者如果对笔记不加以整理，有可能遗忘或遗漏某些采访素材，或不易从一堆乱麻似的采访素材中理出头绪来。待到写作无法进行了，再回过头整理采访记录，就会浪费时间和造成重要新闻信息的缺漏。特别是一些重要的调查性报道，采访可能历经数天甚至数月，时间跨度大，对采访素材进行及时整理尤为重要。

此外，由于记者做采访笔录时用的是速记的方式，很多符号只有记者本人才明白其含义。如果搁置时间太久，本人都可能难以回忆起当时所做笔录的全部含义。记者要努力回忆当时的谈话内容，尽快把一些自己设计的符号重新还原为文字，把凌乱、难辨的笔记变成相对整齐的、容易读懂的材料，以便写作时查找和引用。因此，记者有必要及时整理采访记录，以免时隔多日后有所遗忘，影响新闻报道。

（二）发现采访中一时被忽略的事实

1.细心体悟采访所得素材

记者在采访结束后整理采访素材时，细心检视，可能会发现更有价值的新闻线索，循着这个新闻线索挖掘下去，可能就是一篇很有分量的新闻。例如，2008 年《东方早报》记者对“三鹿”奶粉事件的报道。当时，记者简光洲在采访之后对采访素材进行归纳分析时发现，小孩患肾病确实与三鹿奶粉有很大的关系。“医生的一段话提醒了我：小孩主要吃奶粉，不是奶有问题，就是水有问题。我想如果是甘肃的水有问题，那么湖北、江西、河南等地的水是不是也有问题了，这个可能性我相信比较小。”循着这个体会，他继续深入，不断挖掘，做成了震动全国的报道。

2.注意发现新闻人物的个性特点

由于记者在采访过程中需要连续不断地发问，并要紧紧围绕新闻事实发问，容易忽略采访对象的性格特点，而在后期进行新闻素材整理的过程中，通过整理和采访对象的对话，则会进一步发现采访对象的个性特点。

例如，2003 年 6 月，《知识经济》杂志的记者对金算盘公司负责人杨春进行了一次采访。记者在采访后记中写道：“杨春和王文京一样，都属于口才不是特别出众的那种人，温开水，问一句吐一句，特别是在一些场景上，需要记者不断地引导。但当记者把采访笔记整理完，发现杨春的前后逻辑控制得很好，没有一句话多余，也没有出现前后矛盾的说法，和王文京一样，杨春在接受记者采访时也显示出其大智若愚的一面。”通过对采访笔记的浏览，记者看到了在采访时由于时间匆忙没有注意到的内容，为整个写作提供了新的思路。

3.对采访所得素材的新闻价值做出判断

判断采访素材是否具有新闻价值，需要记者就采访目标、采访过程、事件背景等因素进行综合的考虑；而记者在现场的时间是有限的，难以迅速作出反应。通过对采访素材的整理，记者就能在较为充裕的时间里，作出精确的判断。

例如，一位记者在历经一年的时间采访 IT 界职业经理人后颇有感触。他整理了一年来的采访笔记，发现自己问得最多的问题竟是：为什么选择做职业经理人？为什么选择创业？经理人和创业者的区别是什么？什么人适合创业？什么人适合做经理人？当时，这名记者不觉得这样问背后有什么特别的含义，直到有一天，他突然发现，自己偏好这些问题的原因是由于他从心底里认为，新一代年轻人的未来之路除了做职业经理人或选择创业之外，其实并没有第三条路可走！或者说，未来大多数年轻人的希望只有在企业中才可能真正实现。

4.理顺写作思路

对采访笔记的整理，可以帮助记者回忆采访的全过程，审视采访所得的素材的价值，在对素材进行价值判断的基础上确立和提炼主题，进而在确定写作的大致方案时提供方便。

(三)弥补采访中的不足与疏漏

在整理采访素材时，记者可能会发现自己对一些笔记的内容已不能理解，或者还会发现一些重要信息尚未获取。如果是这样，就要针对这些疏漏进行补充采访。常见的采访疏漏主要有两类：写作素材不充分和新闻信息未经核实，这两类疏漏都可以通过后期的采访整理进行弥补。

1.写作素材不充分

作为记者，一个共同的体会是，往往在下笔时才发现某些采访内容不足，或发现缺了什么材料，如果等到写稿时候再进行二次采访，材料就会显得捉襟见肘。

一位新华社记者在采写名为《三大汽车集团亟须“松绑”》的报道时，就出现了这种疏漏，她主动出击，利用补充采访完成了写作。记者在事后发表的文章中写道：这是我计划写的最后一篇稿件，但编辑认为两个企业不是太好，而且稿件分两个部分也不太协调。可一翻采访笔记，东风汽车公司接受采访的负责人都没有谈及此事，补充采访难度太大，怎么办？当时我想去看北京车展，我灵机一动，何不借此机会对东风公司进行补充采访？我在东风公司的展览场地几乎等了一个上午，终于找到了曾经采访过的东风集团副总经理童东城，顺利完成了采访，而且又获得了大量新的信息。这再次提醒我们，采访是一个动态化的过程，任何时候可能都不是采访的结束，而是一次新采访的开始。

2.新闻信息未经核实

对同一新闻事实，记者从不同渠道获得的信息之间存在较大的出入；或者只采访了少量的知情人，难以保证信息的准确。这一问题涉及报道的真实性和客观性，记者必须重新寻找权威信息源，对新闻信息的真实性做进一步的考察、核实。

国家《关于严防虚假新闻的若干规定》提出：第一，体现出从源头抓起的管理理念；第二，致力于全面防范虚假新闻；第三，对新闻采、写、编做出更为具体和更具有可操作性的规定；第四，加大了对虚假新闻有关责任人的处罚力度。

二、整理采访素材的步骤

对采访素材的整理是一项有序的工作，主要包括对采访素材的浏览、补足和分析。如何分析采访素材是一项较为复杂的工作，与采访素材的取舍有着密切的关系。

（一）对采访所得材料进行浏览

1.仔细核对基本信息

浏览是指记者在写作开始之前，将所有笔记翻阅一遍，这一工作的要点是不能简单地一目十行，必须结合采访心得进行有目的的翻阅。

2.对“下锅”之“米”做到心中有数

浏览笔记，应该对整个采访过程进行一个大致的梳理。记者在写作的时候，要明确所需材料在笔记中的具体位置以及相关材料的数量和内容。

比如，《人民日报》驻北京记者站就北京经济技术开发区取得的成就进行了采访报道，记者在事后发表的文章中说：“有趣的是小标题的选择却没有费太大工夫，小标题全部来自采访笔记，而且在采访时就打上了黑色的三角符号，非常醒目。”

（二）对采访笔记进行回忆补充

1.及时对采访笔记进行补充

对采访素材的回忆补充工作，要在浏览采访笔记之后完成。记者要根据已有采访素材，将录音设备中的资料、二手资料以及在采访现场没有及时写进笔记的资料补充进采访笔记。

2.采访笔记补充工作的具体内容

首先是将录音设备中的资料转换成文字，录音设备能较为完整地记录采访对象的谈话。采访结束后，记者应该把录音设备中的资料转化为文字。如果要写的是访谈，那么整理时就应该一字不漏地记录访谈内容；如果是一般性体裁，记者就可以根据写作的要求选择重点进行记录。

其次，把记在心里的内容放进笔记。记者在与采访对象进行深入交谈时，由于要激发对方的谈兴，往往来不及将一些谈话要点记录下来。记者临时观察的所得或所思、所想，由于种种原因也没有及时记下来。有时，记者处于不利的采访环境之中（如采访对象不友好、不配合等），难以很好地完成笔录工作。回到工作地点后，记者就应迅速地将记在心里的材料补充到采访笔记里，以免遗忘，方便随时查找。

最后，将二手资料补充进采访笔记。除却采访对象的叙述，记者在采访过程中还应注意搜集对写作有用的二手资料，记录在采访中的观察所得。对于这些资料，记者应将它们与采访笔记视为一个整体，将相关记号标注在已经做过分析并归类整理过的笔记旁边，最后，将好选题、好想法随时写进采访笔记。有些记者的采访笔记，已经不是一般意义上的就一次采访所做的笔记，而是随时记录自己想法的选题库、思想库。

第二节　对采访素材的分析取舍

一次采访结束后，记者要对采访获得的材料进行消化，要熟读、理解并归纳总结这些材料，使材料烂熟于心，做到可以信手拈来、为其所用。作为记者，要力求把采访素材整理成片段式的、相对完整的、可用的模板，这就需要记者心中有一个框架式结构，做到胸有全局、整体思维，并进行局部操作。比如，盖大楼，要有完整的图纸和多道工序，并会细分成无数个具体的工作。记者也可以像工人盖高楼一样，同步“施工”，同时对多个采访素材进行分析和取舍。

经过对采访素材的浏览和补足，记者对所采访的内容已经形成了较为清晰的认识。在对采访素材进行取舍时，记者就要再次对素材进行分析和“深加工”，选择需要的，剔除冗余的。对采访素材进行取舍，最为关键的标准是素材要符合报道的目标和主题。报道新闻人物时，要选择体现人物特点的素材；报道新闻事件时，要选择能清晰地反映新闻事件真相的素材。并要选择适当的相关背景，力图将报道写深。

一、对素材进行分析和判断

(一)审视整理采访对象提供的素材

新闻要求客观公正,记者要说"两面理",因此在进行笔记分析工作时,要对采访对象的叙述条分缕析、对相同或相似的观点进行归并、对不同或对立的观点进行分类。

(二)找出相关新闻的逻辑主线

1.从时间维度找逻辑主线

在整理新闻素材的时候,可以按照这些新闻素材的时间顺序来进行分类整理,理出一个新闻写作大致的时间线。这样在写的时候就容易做到有的放矢、层次清楚。

2.从因果关系维度找逻辑主线

一些新闻事实背后会存在相互之间的因果关系,比如同一原因可能导致不同的结果,或不同的结果源于同一个原因。从这一角度对采访笔记进行分析,能够清晰地发现新闻事实背后的逻辑主线。

3.从矛盾分析维度找逻辑主线

事物总是在矛盾运动中发展的。新闻事实很多时候也是由各种社会矛盾引起的,找出新闻事实中矛盾的双方,也是记者在整理采访笔记时可以采取的策略。

(三)确定写入报道的采访素材

1.选取富有新闻价值的素材

记者采访时总是希望获得的新闻素材越充分越好,但进入写作阶段后,就需要考虑媒体的版面和时段的限制,对采访素材进行严格筛选。是否具有较大的新闻价值,这是记者在进行素材筛选时首先要考虑的因素,也是报道能否被受众欢迎的关键所在。

2.根据表现主题的需要选择素材

事物的发展会涉及很多原因,具有相当的复杂性。对于采访到的素材,记者可以从不同的角度去看待它的新闻价值。但新闻报道不能面面俱到，记者往往只能选择一个角度来进行写作，把一个受众最关心的问题叙述清楚。人们在评价一篇报道时，经常会有“视角独特”这样的评语，这也从一个侧面表明新闻报道应该集中笔力，而不应该大而化之。如果泛化地处理材料，什么材料都往报道里放，就难以取得良好的传播效果。就此而言，记者对素材的筛选既要看重它的新闻价值，还要考虑它是否符合表现写作主题的需要。

3.顾及媒体的特定要求

随着媒体竞争日趋激烈，媒体受众市场也出现了不断细分的趋势。日报、晚报、财经类报纸、政经类杂志、民生电视新闻等名词已为受众所熟悉。不同媒体对素材筛选提出的要求是不同的，比如《人民日报》等党报要求报道体现权威性、显著性和重要性，而一些晚报类报纸则要求报道为百姓所喜闻乐见，强调接近性、新鲜性，要通俗易懂。有些报刊具有专业性的特点，例如《财经》杂志，它的办刊理念是“新闻是思想史的一部分，是社会反思与社会批判的手段之一”，它“关注改革全局与制度变迁，关注经济生活的复杂性”。该杂志的封面报道，是对这一理念的贯彻。有学者在对该杂志的封面文章进行内容分析后指出，该杂志记者在进行采访素材的筛选时，一般都能做到兼顾全局性、国际性、案例化，《标本安然》《华尔街重订规则》等文章都能够带给读者丰富的信息，并能给予人们现实的启示。

(四)重视新闻素材中的“边角料”

新闻素材中的“边角料”，是指在采访笔记中没有被记者写入新闻作品的那一部分素材。很多时候，由于篇幅的限制，记者只能挑选最符合媒体要求的素材写入作品，但这并不意味着剩下的材料都可以随意抛弃。有些新闻素材中的“边角料”其实可以用在其他的报道中，有些还可以作为重要的新闻由头。因此，重视新闻素材中的“边角料”，也是采访笔记加工中一项重要工作。

新华社原总编辑南振中在总结自己的采访经历时曾说，要掌握“十八般武艺”，搞好新闻素材的“综合利用”。新闻素材利用率低的一个重要原因是记者的技艺不全面。古人习武，要熟练地掌握刀、枪、剑、戟等十八般武艺；优秀的足球运动员要熟练地掌握接、控、传、射等九大技术。作为新闻记者，也应该多学会一些本领，譬如会写新闻、通讯、调查报告、记者来信、记者述评、评论、杂谈、散文、特写等。记者如果会写各种体裁的报道，就可以给新闻素材找到更多的“出路”。

南振中先生在采访过程中对农业生产责任制作了一些调查，积累了上百万字的素材。1980 年，他对这些素材进行了初步分析，拟了一个综合处理计划：适宜于写公开报道的材料，写成新闻、通讯、调查报告、工作研究；积累起来的观点、见解，整理成杂谈或评论；有参考价值的，写成内部调查。南先生利用这些新闻素材写成的三篇调查报告，中央领导做了批示。

（五）形成报道的思路和脉络

记者对采访笔记进行整理的过程，也是对整个新闻采访活动、采访题材进行总体思考的过程。因此，记者在对采访笔记进行加工的同时，对于新闻写作也就逐步达到了胸有成竹的地步。记者按照笔记分析提炼出逻辑主线，形成提纲，然后，根据提纲将编号的笔记内容标注在旁边。写作过程其实是提纲的进一步细化和展开。

（六）进而形成副产品

有的记者，得益于当初采访时所作的详细记录，撰写而成的报道得以及时刊发；所写的采访手记，若干年后经整理加工，得以结集出版。在这样的副产品中，记者还原了采访时的情景，并且记录了自己的采访感受甚至心路历程，这对于新闻采访写作而言有另一番意义。

《北京晚报》资深编辑、记者赵李红所著的《未公开的采访手记》就属于这种情况。赵李红采访过的文娱人物有几百位，她将这些历史碎片，串成记忆的“老照片”，该书收录了吴冠中、黄永玉、于光远、刘恒、池莉、刘震云、莫言、石钟山、阎连科、周国平、张召忠、崔永元、冯小刚等 18 位名人采访录和采访手记，受访者的真实思想与心态，在她的笔下娓娓呈现给读者。

二、新闻素材整理的注意事项

（一）确定主题和文章的框架

在采访中，采访对象所表述的事情与记者所设想的主题内容会有一定程度的背离。因此，记者在将采访笔记整理成稿件的过程中，需要反复斟酌采访得到的内容和素材，重新确定报道的主题和框架。主题和框架一旦确定，内容就确定了。主题与框架的调整，还会受到实际采访所获得素材的影响。有的采访对象会随着记者的思路走，完全根据记者的设问回答；有的采访对象提供的素材和内容与记者原本设想的主题不完全一致，有的甚至与记者最初的设想大相径庭，这时就要求记者必须对报道的主题进行调整。

（二）对采访笔记的重新整理和增补

采访笔记的整理必须本着积极负责的态度。虽然采访笔记一旦记录完毕，报道内容就大体确定了，但记者采访时的语言、语气、文字表述乃至自己的心态，都会对报道的格调和品位产生深刻的影响。新闻类的通讯报道是正面的报道，必须持积极的态度，给人以感召力，要能够真正起到提振精神、激励斗志、鼓舞士气、激发内力的作用。采访笔记的整理和增补是通讯报道形成的关键环节，文章的水平高低、内容是否翔实全面，都会在这个环节逐步确定。针对采访笔记的实际情况，主要应解决好以下几个方面的问题：

(1)许多提纲和提要式的记录，整理时需要根据当时了解的情况、记者自己的理解，以及记者掌握的实际情况进行大量增补。整理时，在原有记录的基础上改动内容是常有的事情，这其中改动较大的是对简短语句进行进一步的完整表述。

(2)段落和语句前后顺序的调整也是必须的。记者应按照报道的实际需要，对采访笔记里的内容进行前后调整，将主题句子前置，用相应的事例做支撑，使段落的逻辑结构更加合理，意思表述更加严谨。

三、逻辑结构调整与文字润色

一次性将采访笔记整理到位是最为理想的事情。如果一次难以将其整理成完整的文章，就采用两步走的办法。首先，将采访笔记比较完整地输入到电脑，形成意思完整、层次明显、表述清晰、观点明确、事例完整的段落。其次，根据各个段落实际表达的观点、采用的事例、前后的逻辑关系等，重新确定主题和框架以及相互之间的逻辑关系。这样调整的结果，虽然会使报道要表达的思想与最初想要表达的有出入，但更接近实际、更真实、更富有感召力和感染力。

▶本章小结

新闻采访的最后一个阶段即对新闻素材进行整理,为进一步的新闻写作作准备。在这个最后的环节,记者要谨防遗漏有价值的新闻素材,并且要找出采访中被忽略的新闻事实,对新闻素材进行合理的取舍,同时注意收集新闻素材,为下一次的采访作准备。

▶思考与研讨题

1.如何进行补充采访?

2.如何对前期采访的材料进行分析验证?

3.为什么要对前期采访材料进行分析验证?

图书在版编目(CIP)数据

新闻采访新编 / 王一岚主编.--北京:中国传媒大学出版社,2019.10
ISBN 978-7-5657-2565-4

Ⅰ.①新… Ⅱ.①王… Ⅲ.①新闻采访—高等学校—教材 Ⅳ.①G212.1

中国版本图书馆 CIP 数据核字(2019)第 204456 号

新闻采访新编
XINWEN CAIFANG XINBIAN

主　　编　王一岚
副 主 编　孙文杰
策划编辑　李水仙
责任编辑　姜颖昳
封扉设计　风得信设计·阿东
责任印制　李志鹏

出版发行　中国传媒大学出版社
社　　址　北京市朝阳区定福庄东街 1 号　邮编:100024
电　　话　86-10-65450528　65450532　传真:65779405
网　　址　http://www.cucp.com.cn
经　　销　全国新华书店

印　　刷　三河市东方印刷有限公司
开　　本　787mm×1092mm　1/16
印　　张　11.25
字　　数　189 千字
版　　次　2019 年 10 月第 1 版
印　　次　2019 年 10 月第 1 次印刷

书　　号　ISBN 978-7-5657-2565-4/G·2565　　定　　价　42.00 元